쓰는 사람

쓰는 사람

평범을 비범으로 바꾼
건축가의 기록법

백희성 지음

교보문고

"기록은 과거의 나를 만나고,
미래의 나를 설계하는 대화다."

_요한 볼프강 폰 괴테Johann Wolfgang von Goethe

프롤로그

기록의 시작

나의 기록 여정은 2002년 월드컵의 뜨거운 함성 속에서 시작됐다. 레오나르도 다 빈치의 노트나 다산 정약용의 기록들을 떠올리며—감히 그들의 시선을 따라갈 수는 없지만— 그들의 흉내라도 내 보겠다는 마음에서였다. 이후 나는 기록을 통해 삶을 드러냈고, 또 기록 덕분에 행복에 다가설 수 있었다. 그 기록의 여정 속에서 평범한, 아니 어쩌면 평균 이하의 나조차도 기록을 통해 완전히 달라질 수 있음을 알게 됐다.

'평균 이하의 삶'이란 규정은 사실 사회가 내게 준 멍에 같은 것이다. 좋은 건 아니었지만 그렇다고 해서 나쁘다고 하기도 애매했다. 나는 사회가 말하는 공부 잘하는 사람도, 눈에 띄는 존재도 아니었고, 오히려 누구에게도 특별히 기억되지 않는 사람이었다. 하지만 엉뚱하고, 이상하고, 때로는 바보 같은 기록들이 나를 변화시켰고, 삶을 이어 갈 방법, 심지어 먹고살 길까지 알려 줬다.

기록을 통해 나는 기억을 주제로 건축 설계를 하는 건축가가 됐고, 틈날 때마다 그림을 그리는 아마추어 화가가 됐으며, 소설을 써서 베스트셀러 작가의 자리까지 올랐다. 나아가 문화재를 새로운 방식으로 풀어내려는 엉뚱한 몽상가가 되기도 했다. 이외에도 기록은 내게 수없이 많은 길을 열어 줬다.

시작부터 이런 다양한 직업을 가졌다고 하면 재수없어 보일 수도 있겠다. 그러나 내가 말하려는 건 이런 직업적 결과들이 아니다. 이런 결과를 가능하게 만든 '과정'이다.

나는 언제나 주변 시선에 민감하게 반응하고, 스스로 선택한 길에서도 항상 두려움에 떨며 괴로워한 아주 평범한 사람이었다. 평범하다는 걸 부정하고 싶어서 특별해지고 싶은 열망이 가득했으며, 그 결과는 수많은 실패로 이어졌다. 인생 자체가 엉망으로 나아가는 듯한 기분이었다. 그런데 문득 특별한 건 타고 나는 게 아니라는 생각이 들었다. 그저 남들이 잘 가지 않는 조금 험한 길을 선택하면 된다. 그 길을 가다 돌아오면 낙오자가 되는 거고, 끝까지 가면…… 뭐, 최소한 아무도 없는 무인도의 왕은 될 수 있지 않을까? 무인도에는 아무도 없는데 왕이 돼 봐야 무엇하냐고?

'진정한 왕은 백성이 없는 왕이야. 골치 아픈 일도 없고, 온전히 자신에게 집중할 수 있는 자기 삶의 진정한 왕이지. 그게 왕이야. 진짜 왕.'

이런 생각으로 살고 있다.

2002. 6. 1

뭔가를 계속하면, 자꾸 안된다!
이러다가는 고립될지도 모른다.
무인도의 왕이되는 건 아닐까?
누구의 신경도 쓰지 않고 골치아픈일도
없는 왕???

이거 좋은왕아닌가?

나는 경쟁이 너무 싫다. 수많은 낙오자가 생기는 경쟁에서 나는 늘 낙오자들 중 하나였다. 남들과 경쟁하기 싫어서 더욱더 남들은 가지 않는 특별한 길들을 찾아다니는 건지도 모르겠다. 하지만 경쟁에서 자유로워지면 또다시 거대한 불안이 엄습한다. 나는 과연 잘 가고 있는 걸까? 나의 미래는? 그렇게 매번 사춘기처럼 정처없이 헤매고 다닌다.

하지만 이 불안한 사춘기가 좋다. 변화무쌍한 삶이 좋다. 예측 가능한 일들은 일어나지 않는 다이내믹한 삶 속에서 살아 있음을 느낀다. 죽을 때까지 이렇게 사춘기 아이처럼 살고 싶다.

사회가 말하는 성공은 이미 버린 지 오래다. 지극히 개인적이고 인간적인 성공이 내겐 더 절실하고, 그게 전부다. 그리고 내 개인적 성취를 사람들과 공유할 수 있다면 그것으로 이미 난 충분히 성공했다고 생각한다.

AI 시대가 도래했다. 그래서 기록이 더 쓸모없고 의미없다고 생각하는 사람들이 많다. 정말 그럴까? 틀린 생각이 아닐지도 모른다. 나도 혼란스럽다. 그러나 우리가 간과해선 안 되는 게 하나 있다.

미국의 심리학자 윈스롭 켈로그Winthrop Kellogg는 갓 태어난 자신의 아이와 침팬지를 함께 키우면서 언어를 가르치는 실험을 했다. 침팬지도 사람처럼 언어를 배울 수 있지 않을까 하는 기대에서 시작된 이 실험은 곧 중단됐다. 공식적인 이유는 밝혀진 바 없지만 주변에서는 얼마 지나지 않아 아이가 침팬지 소리를 따라하기 시작했기 때문이라고들 했다. 뿐만 아니라 봄이면 사람들이 식곤증에 시달리는 이유가 무엇인지 아는가? 원시 시대 겨울잠의 흔적이 우리 몸속에 남아 있기 때문이라고 한다. 이처럼 인류는 21세기인 지금도 여전히 원시 시대의 흔적 속에서 살아가고 있다.

언젠가 인터넷에서 심리상담사라는 직업이 곧 사라질 거라는 기사를 읽었다. AI는 필요할 때 언제든 수시로 상담을 할 수 있고, AI와 로보틱스의 결합으로 머지않아 로봇이 인간에게 직접 상담해 주는 수준까지 갈 것이라고 전망하는 기사였다. 어디 이뿐이랴. 여러 매체들에서 이미 AI의 출연으로 많은 직업들이 사라질 거라고 예측한다.

인간은 결국 인간과 똑같이 생긴 로봇과 함께 살게 될 것이고, 거기에 익숙해질 것이다. 그리고 로봇은 인간의 삶에 영향을 줄 것이다. 그건 부정할 수도 거부할 수도 없는 시대적 흐름이다. 하지만 아무리 로봇이 완벽하다고 한들 인간이 원시 시대부터 이어온 본능—상대의 표정을 읽고 교감하며 감정을 느끼는 과정—이 과연 바뀔 수 있을까?

오히려 이렇게 되묻는 편이 옳을지도 모른다. 인간이 감동을 받는 방식이 정말 로봇으로 대체될 수 있을까? 그렇다면 왜 로봇 펫은 대중화에 실패했을까? 단순히 가격이 비싸서만은 아닐 것이다. 나는 그 이유가 다르다고 본다. 인간이 감동을 받는 방식에는 여전히 '생명'이라는 조건이 필요하기 때문이다. 수만 년 뒤, 더 진화한 인간은 이 방식을 바꿀지 모른다. 그러나 적어도 지금은 아니다.

AI와 로보틱스의 필요성을 부정하지는 않는다. 그것들은 이미 이 시대와 사회에 없어서는 안 될 존재들이다. 다만 인간이 살아 있는 생명에게서 느끼는 감정만큼은, 쉽게 치환될 수 없다고 말하고 싶다.

나는 아직까지는 인간이 새로운 생각을 만들어 내는 방법이 결국 '기록'뿐이라고 믿는다.

어떤 이는 또 이렇게 물을지도 모르겠다.

'왜 인간이 굳이 새로운 생각을 만들어야 하지? 이제는 AI가 새로운 것을 대신 창조해 주는 시대인데 스트레스 받으면서 애써 생각할 이유가 있을까?'

나는 반문하고 싶다.

'새로운 생각을 만들어 내는 것이 얼마나 엄청난 희열과 행복을 주는지 모르나?'

누구나 이런 경험 있지 않은가. 어린시절에 끄적인 글이나 그림을 우연히 발견했는데 '와! 내가 이런 생각을 했었다고?' 하게 되는 경험 말이다. 우리는 본래 창의적으로 태어났다. 사람들이 어릴 때의 그 감성을 되찾고, 어른이 된 뒤에도 가끔은 자신만의 순수한 창의성을 맛볼 수 있으면 좋겠다.

세상에 나보다 잘난 놈은 없다. 그리고 나보다 못난 놈도 없다. 우리는 각자 한 명 한 명 그대로 아름다운 존재다. 그 아름다운 각자의 존재를 찾는 방법으로 '기록'이 가장 확실하다는 게 내 생각이다.

기록에 관한 책은 수없이 많지만, 기록이 '결과'가 되기까지의 과정 자체를 보여 주는 경우는 드물다. 이제 그 모든 과정을 가감 없이 털어놓으며, 기록이 어떻게 한 인간을 변화시켰는지 보여 주고자 한다.

물론 나는 사회적으로 말하는 성공한 사람도 아니고, 지금 성공을 향해 가고 있는지도 확신할 수 없다. 다만 내 삶에 만족하며 다양한 도전을 이어 가고 있다.

이 책을 통해 전하고 싶은 건 하나다. 진정 원하는 삶을 꿈꾸지만 아직 그 길을 찾지 못한 우리의 형과 누나, 친구, 동생 들에게 이 책이 작은 용기가 될 수 있으면 좋겠다. 이 책을 다 읽고 덮었을 때 이렇게 생각해 줬으면 좋겠다.

'누구나 기록을 통해 인생의 새로운 도전을 해 볼 수 있겠구나!'

인생에 오직 한 가지 길만 있는 건 아니다. 물론 반평생 외길 인생을 살아 온 인생 선배들을 보면 존경심이 들지만 나는 한 가지만 보고 살 용기가 없는 겁쟁이였고, 하나에 모든 인생을 바칠 수 없다는 생각에 계속해서 새로운 도전을 하며 살고 있다. 겁쟁이는 용기 있는 선배들과는 다른 길을 택하는 게 맞다고 생각한다. 겁쟁이를 용기 있는 사람으로 만들려는 사회적 통념이 내게는 역겨운 위선처럼 느껴졌다. 모두가 강철 슈퍼맨이 될 수는 없다. 동네 겁쟁이 슈퍼맨도 있는 게 세상이다.

나의 정신적 지주이신 98세의 외할머니께서는 내게 이렇게 말씀하셨다.

"아가! 80이 넘으면 인생이 소풍처럼 짧다는 걸 안다. 그런데 90이 넘으니 이제 알겠다. 인생은 낮잠이구나. 그러니 하고 싶은 일이 있으면 생각하지 말고 그냥 하려무나. 남 신경쓰다가 인생 그냥 흘려 보내지 말고, 너 신경 쓰며 엉뚱하고 즐겁게 살아야 한다. 그게 삶이다."

백희성

목차

PART 1

기록에 관한 기록

생각을 만드는 기록

건축가로서 나는 늘 창의적인 사람이라 믿어 왔다. 하지만 그 믿음은 생각보다 쉽게 무너졌다. 어느 날부터 새로운 발상이 떠오르지 않았고, 마치 머릿속의 샘이 말라 버린 듯한 불안이 마음 한켠을 채우기 시작했다. 그럴 때마다 책을 탐독하거나 지인들에게 창의력을 지속하는 방법을 물었지만 누구도 명확한 답을 주지 못했다. 애써 찾은 조언들조차 언제나 모호하게만 들렸다. 항상 창의적일 수는 없다는 생각이 나를 두렵게 했다. 그래서 작은 가설을 세워 보았다.

'만약 내가 스스로에게 끊임없이 창의적 원료를 공급한다면, 아이디어는 계속해서 흘러나오고 슬럼프도 사라질 것이다.'

창의적 원료를 꾸준히 저축해 뒀다가 필요할 때마다 꺼내 쓰면 되지 않을까 하는 생각이었다. 이게 정말 가능할지를 검증하기 위해서는 먼저 창의성이 발휘되는 순간을 역추적해 볼 필요가 있었다.

'내가 한 일이지만, 참 놀랍다. 어떻게 이걸 해냈을까?'

스스로도 경탄할 만한 좋은 결과를 완성했을 때를 떠올려 봤다. 하지만 그때는 이미 창의적 생각이 현실화한 상태이기 때문에 그 생각이 처음 어떻게 시작됐는지 기억하기 쉽지 않았다. 그래서 나는 작은 생각들, 인상 깊게 본 글귀와 그림 등 거의 모든 걸 적기 시작했다. 그리고 내가 봐도 만족스러운 콘셉트나 생각이 현실화했을 때 내가 썼던 관찰 노트들을 뒤적였다. 그럼 언제였는지 기억도 가물가물한 과거의 어느 한 순간, 생각의 시작 지점을 찾을 수 있었다.

물론 그때의 생각은 다듬어지지 않은 원석처럼 흐릿하고 거칠다. 솔직히 쓰레기처럼 보이기도 한다. 시간이 흐른 지금에 와서야 그것이 빛을 품은 원석이었음을 알게 된다. 그 순간이 없었다면 지금의 결과도 없었을 것이다. 생각의 시작은 언제나 덧없이 사라진다. 붙잡지 않으면 바람처럼 흩어지고 만다. 그래서 기록하지 않으면 돌이킬 수 없다.

간혹 자신은 창의적이지 않은 것 같다고 말하는 사람들을 보곤 한다. 태초의 인간은 충분히 창의적이었다. 그 예로, 원시 시대의 인간들은 자신의 집은 자기 스스로 짓는 건축가였으며, 토기에 아름다운 빗살무늬를 그려 넣을 정도로 열정적인 디자이너였다. 이뿐 아니라, 동굴 속 벽에 살아 있는 듯한 동물을 그려 넣은 위대한 예술가였다. 창의성은 우리 DNA에 고스란히 내재돼 있다. 단지 창의성으로 가는 문이 활짝 열린 사람과 조금 열린 사람으로 나뉠 뿐이다. 언젠가 기회가 오면 누구든 그 문을 완전히 열 수 있다고 생각한다.

이런 생각에 이르게 된 건 20년 넘게 기록을 이어 오면서 내가 특별한 사람이 아니라는 사실을 깨달았기 때문이다. 나는 언제나 새로운 걸 만들고 싶어 했지만, 모든 창의적 발상의 시작이 결코 나 혼자에게서만 비롯된 적은 없었다. 무심코 읽은 책 속 한 구절에서, 혹은 친구들과 나눈 가벼운 대화 속에서 아이디어의 씨앗이 싹트는 경우가 많았다.

생각이나 아이디어는 언제나 의외의 곳에서 시작됐다. 또한 창의적 생각의 시작은 대부분 너무 평범하고, 누구든 한번쯤은 떠올릴 수 있을 만한 것들도 많았다. 그럼에도 불구하고 왜 어떤 사람은 창의적으로 보이고, 또 다른 사람은 그렇지 않은 걸까? 그건 바로 그 작고 일반적인 생각을 발전시키는 사람과 버려 두는 사람이 있기 때문이다. 예를 들어, '새처럼 하늘을 날면 어떨까?' 생각하며 비행기를 만든 라이트 형제가 있는가 하면, '새처럼 하늘을 난다고? 말도 안 되는 일이야! 공기보다 가볍지 못하면 날 수 없어!'라고 단정지었던 윌리엄 톰슨William Thomson도 있다.

애매하고 불완전해 보이는 생각을 현실화하는 과정에서는 무수히 많은 문제를 직면하게 된다. 창의력의 절반이 아이디어의 시작에 있다면 나머지 절반은 이런 문제들을 해결하는 과정에서 나온다. 이 두 가지가 합쳐져야 비로소 완벽한 창의력이 된다.

프랑스에서 저명한 디자이너와 함께 일할 때였다. 하루 종일 커피 마시고 수다 떨며 돌아다니는 그를 보면서, 어째서 고액 연봉을 받는 걸까 하는 의구심이 들었다. 노력하는 흔적은 전혀 보이지 않았기 때문이다. 그는 누구보다 늦게 출근하고, 일찍 퇴근했다. 그러던 어느 날 회사 자판기에서 커피를 뽑아 마시고 있는데 그와 마주쳤다. 별로 마음에 들지는 않았지만 몇 마디 주고받으며 이야기를 이어 갔다. 이야기가 무르익어 갈 즈음 그는 갑자기 부산하게 움직이더니 뒷주머니에 꽂아 뒀던 노트와 펜을 꺼내 뭔가를 슥슥 그리기 시작했다. 잠시 후에는 자신의 책상에 앉아 반짝이는 눈으로 작업을 시작했다. 그리고 혼자 야근을 했다. 다음 날 아침, 모두가 놀랄 만한 멋진 디자인 초안을 보여 줬다. 나는 그에게 농담조로 말했다.

"매일 노는 줄 알았는데 일을 하긴 하네요?"

"당연하죠. 디자인은 책상 앞에 앉아서 열심히 노력한다고 얻어지는 게 아니잖아요. 갑자기 떨어지는 별똥별처럼 순간적이죠. 그 순간을 낚아채는 게 디자이너죠."

"그럼 평소에는 그냥 쉬면서 노는 거예요?"

"아뇨. 남들 눈에는 그렇게 보일 수 있지만 나는 구상도 하고, 이것저것 상황을 바꿔 보기도 하고, 뭔가 접해 보기도 해요. 이 모든 행위를 통해 별똥별 같은 아이디어가 나오거든요."

순간적으로 떠오르는 그의 창의적인 생각들은 모두 평소 저축해 놓은 원료들을 바탕으로 나오는 것들이었다.

이렇듯 대부분의 창의적인 사람들에게는 자신만의 노하우가 있다. 그것을 의식하지 못한 채 자신의 천재성이 자연스럽게 발현된다고 믿기도 한다. 그게 사실일지도 모른다. 그러나 적어도 내게 창의적 아이디어는 평소 쌓아 놓은 원료를 바탕으로 어느 순간 터져 나오는 선물 같은 것이었다.

한국과 프랑스를 오가며 터득한 나의 창의적 원료를 축적하는 방법은 앞서 말했듯 '기록'이다. 우선 노트와 펜을 항상 들고, 필기하는 습관을 들여 보자. 노트에는 지극히 단순한 낙서부터 마음에 드는 물건, 사람, 대화 등 거의 모든 것들을 적을 수 있다. 나의 기분, 느낌, 좋아하는 것, 싫어하는 것 등 모든 감정과 대상물을 담아내는 게 가장 중요하다.

하루는 지인과의 저녁 약속 장소로 향하던 중, 지하철에서 불현듯 재미난 생각이 떠올라 잠깐 노트에 적고 그리기 시작했다. 그리고 노트를 덮었을 때는 이미 약속 장소를 한참 지나 종점에 도착해 있었다. 겨우 몇 분 정도 지났을 거라고 생각했는데 실제로는 30분 넘게 흘러 종점까지 오게 된 것이었다. 자려고 누웠다가도 갑자기 재미난 생각이 떠올라 노트에 적고 그리다 보면 밤을 새우기 일쑤다. 새로운 생각이 떠올랐을 때 그냥 지나쳐 버리면 나중에 아무리 떠올리려 해도 완벽하게 떠오르지 않기 때문에 나는 도저히 그 순간을 놓칠 수가 없다. 그래서 더욱 노트와 필기구에 집착하게 됐다. 길을 걸을 때도, 누군가를 만날 때도, 심지어 화장실에 갈 때도 항상 챙길 정도다. 그래야 재미난 생각이 떠올랐을 때 놓치지 않고 잡아 둘 수 있으니까.

실제로 길을 걷다 갑자기 그려야 할 게 생각나 그 자리에 쭈구리고 앉아서 노트를 펴고 대략 끄적끄적 그림을 그려 놓고는 작업실로 돌아와 본격적으로 그리기도 했고, 길에서 본 작은 물건에서 영감이 떠올라 바로 제품 디자인 스케치를 하기도 했다. 파리 센강 주변을 걷다가 만난 시인과의 대화에서 새로운 아이디어를 얻어 강연의 주제를 잡기도 했으며, 회사에서는 떠오르지 않는 신선한 건축 공간에 관한 생각이 화장실 변기에 앉아 힘을 주는 순간에 떠오르기도 했다.

아이러니하게도 뭔가를 만들어야겠다는 마음을 먹고 책상 앞에 앉으면 아무 생각도 나지 않는다. 습관처럼 스케치를 하면서 시도해 봐도 고통스럽기만 하고 아무것도 떠오르지 않는다. 마치 술래잡기라도 하듯 새로운 생각을 해야지 하는 순간, 창의적인 생각들은 모두 숨어 버린다. 찾으려 애쓰면 애쓸수록 더 찾기 어려워진다. 그렇게 만들어진 것들은 대개 억지스러운 디자인이거나 추한 작품이었다.

나 역시 처음부터 이렇게 적는 게 즐거웠던 건 아니다. 초기에는 짜증과 불만 그리고 분노가 치밀어 오르는 기록들뿐이었다. 이에 대한 것도 뒤에서 이야기할 것이다. 그런 기록들을 통해 나를 이해할 수 있었고, 창의성을 이용하는 방법도 알게 됐다. 그러면서 정식 화가가 아닌데도 불구하고 직접 그린 그림을 팔고, 정식 디자이너가 아닌데도 디자인 공모전에 당선돼 제품을 디자인하고, 전문 연사가 아닌데도 여러 곳에서 강연을 하고, 전문 작가가 아닌데도 프랑스의 고택을 기록해 묶은 책《빛이 이끄는 곳으로》로 베스트셀러 작가가 되고, 심지어 아시아인으로서는 드물게 프랑스에서 젊은건축가상을 수상할 수 있었다. 자랑하려고 하는 말이 아니다. 그만큼 창의성이란 특정 영역에만 머무는 게 아니라 거의 모든 분야에 두루 작동할 수 있다는 말을 하고 싶은 것이다. 삶을 바라보는 방식이 바뀌고 생각이 넓어지면 누구나 창의적인 아이디어를 얻을 수 있다.

기록을 통해 새로운 생각을 만들어 내는 몇 가지 노하우를 개발했지만 나 또한 여전히 창의적 생각의 원료를 만들어 낼 노하우를 계속해서 찾고 있다. 이를 바탕으로 새로운 생각들이 불쑥불쑥 튀어나올 때면 즐겁고 유쾌해진다.

나는 내 작품 속에 스며 있는 생각이 어디서 비롯됐는지, 어떤 과정을 거쳐 발아하고 발효되는지를 되짚어 왔다. 그 과정에서 새로운 생각을 만들어 내는 몇 가지 노하우를 알게 됐고, 결실도 맺었다. 나처럼 평범한 사람들을 위해, 그럼에도 불구하고 창의적이고 싶은 이들을 위해 이 노하우를 공유해 보려 한다.

생각을 바꾸는 기록

기록은 가치관을 뒤집기도 한다. 프랑스 유학을 떠나기 전, 전통 건축을 전공하던 내 곁에는 필요한 조언을 아끼지 않는 선배 전문가들이 많았다. 선배들은 교수, 전문가, 공무원 등 다양한 직군에서 활약하고 있었다. 그들 중 한 분이 평소 서예에 관심이 많고 취미가 있던 나를 박물관 수장고로 불러, 정리 작업 중인 고전 서예 자료들을 보여 주셨다. 그때였다. 낯설지만 아름다운 필체가 눈에 들어왔다! 눈을 의심할 정도로 아름다운, 그러나 여태껏 한 번도 본 적이 없는 새로운 필체였다.

"교수님, 이 필체는 정말 대단한 힘이 느껴져요. 아니 무엇보다 세련되고 아름다워요. 누구 필체예요?"

"아, 이거! 네가 서예에 관심이 있다더니 우리나라 대표 명필가 서체를 보고 느낌이 오나 보구나."

"우리나라 사람이에요? 박물관에 있을 정도면 엄청난 분이겠네요. 그런데 그런 훌륭한 분의 작품이 왜 수장고에 있죠? 전시장에 전시하는 게 좋을 것 같은데요."

"안 돼! 그럼 안 되지. 이거 나라를 팔아먹은 이완용 글씨거든."

이게 무슨 말이지? 믿을 수 없었다. 매국노 이완용의 글씨가 명필이라는 사실이 마냥 불편했다. 당대 명필이라고 평가받은 인물이지만, 역사적으로 악인이기에 전시장에 나올 수 없는 자의 글씨였다. 그리고 고개를 돌리니 조금 떨어진 곳에 엉망으로 쓴 한글 서예 필체가 보였다. 누가 봐도 필체의 수준이 떨어져 보였다. 나는 또 여쭤봤다.

"이건 꼭 어린아이의 필체 같은데, 내용을 읽어 보니 어른이 쓴 거네요. 누구의 글인가요? 필력은 좀 떨어지네요."

"그건 김구 선생님 글이야."

이게 무슨 운명의 장난인가. 매국노의 서체를 보고 감동받았다가 금세 실망하고, 애국자의 서체는 실망했다가 돌연 감동을 받다니!

그날의 기록에 나는 이렇게 적었다.

'아무리 아름다워도 이완용의 글씨는 인정할 수 없다.

그리고 아무리 못 쓴 글씨라도 김구 선생님의 글은 인정한다.'

그리고 그 아래 마치 다른 사람처럼 질문을 하나 더 적었다.

'그런데 왜 그런 걸까? 왜 이완용 글씨는 나쁜 걸까? 왜 김구 선생님의 글씨를 좋은 걸로 봐야 할까?'

내가 기록하는 방식 중에 가장 중요하게 생각하는 지점이 바로 질문이다. 내가 느낀 바를 먼저 적고, 그다음 마치 다른 사람인 것처럼 객관적인 질문을 적는다. 어떤 질문에는 10년이 흘러도 답을 적지 못한다. 그리고 또 어떤 질문에 대한 답은 매년 달라진다.

그로부터 몇 개월이 지나고, 다시 이 노트를 펼쳤을 때 나는 직관적으로 답변을 적을 수 있었다.

'작품은 작가의 심성이 담기는 결과물이기 때문이다. 다시 말해 아름다운 영혼이 남긴 작품은 아름다울 수 있지만, 악한 영혼이 표현한 작품은 시각적으로만 아름다울 뿐 본질은 아름답다 할 수 없다. 결국 작품 제작자의 정신적 상태와 마음이 그 작품의 가치를 만드는 것이다.'

질문에 대답을 적고 나니 뿌듯했다. 이 대답은 앞으로도 절대 변하지 않을 것만 같았다. 그리고 이건 변하지 않을 가치관이라고 생각했다. 이 기록에 관해서는 까맣게 잊은 채 나는 프랑스로 떠났다.

여러 해가 흘러 프랑스의 유명 건축사무소에서 파트너 건축가로 일할 때였다. 평소처럼 아침에 TV 뉴스를 켜 놓고 출근 준비를 하고 있었다. 혼자 살다 보니 아침에 조용히 뭔가 준비하는 게 외롭고 고독했다. 뉴스를 켜 두면 적당한 소음이 생겨서 마치 혼자가 아닌 느낌이 들어 좋았다. 그렇게 뉴스를 보며 아침식사를 하는데 뉴스에 시민들을 상대로 거리 인터뷰를 하는 장면이 나왔다.

프랑스에서 유명한 화가가 필리핀에 가서 성매매를 했다. 성유아도착증 환자였던 그 유명 화가는 결국 감옥에 수감됐다. 그에 따라 해외 성매매 실태에 대한 시민들의 의견을 듣는 인터뷰였다. 그중 한 시민의 인터뷰에 나는 너무 놀랐다.

"그 작가는 감옥에서 평생 썩어야 해요. 죄질이 정말 너무 나빠요. 그런데 그 사람 작품은 좀 아쉽네요. 작품이 참 좋았는데……. 앞으로 전시가 또 열릴까요? 작품을 좀 더 보고 싶은데 아쉬워요."

그 인터뷰를 듣자마자 혼란스러웠다. '끔찍한 범죄를 저지른 악인의 그림을 보고 싶다니, 저 사람 사이코패스 아냐?' 하는 생각이 들었다. 회사에 출근하면서도 그 혼란스러운 생각이 계속됐다. 그리고 노트에 이 이상한 상황에 관해 기록했다.

'성유아도착증 환자인 화가의 감옥행은 대찬성, 그러나 그의 작품은 너무 좋아???'

그리고 그 아래에 마치 남처럼 질문을 적었다.

'왜 미친 사람의 작품을 좋아하는 거야?'

이상한 의문을 노트에 기록했다. 그리고 회사에 도착해 커피를 내려 마시며 동료들과 잠깐 이야기를 나눴다. 문득 생각이 나서 동료들에게 오늘 본 인터뷰에 관해 말했다.

"오늘 아침에 진짜 웃긴 인터뷰를 봤어. 화가 ○○○○ 알지? 왜 그 성유아도착증 환자 말이야. 해외에서 검거돼 감옥에 수감 중이잖아. 관련해서 거리 인터뷰를 하는데 어떤 사람이 그 사람 작품은 좋다는 거야. 하하하. 정말 말도 안 되는 이야기 아냐?"

동료 둘이 나를 가만히 응시하더니 물었다.

"응? 왜 그 작품을 좋아하면 안 돼? 작품은 죄가 없잖아?"

"작품이란 작가의 정신세계가 투영되기 마련이잖아. 작가가 나쁜 짓을 저지른 사람이면 당연히 그 작품도 인정하면 안 되지. 그게 함께 사는 사회에서 우리가 가져야 할 의무 아냐?"

나는 흥분해서 동료에게 쏘아붙이듯 말했다. 그러자 동료들이 고개를 흔들며 내게 물었다.

"너는 작품을 볼 때 그 너머의 작가의 정신세계와 마음까지 보여? 그게 가능해?"

그의 질문에 가슴이 턱 막혀 입을 열 수 없었다. 그는 이어서 또 물었다.

"우리가 왜 작품을 본다고 생각해? 작품 너머에 존재하는 작가의 보이지 않는 정신세계를 투시하고, 그 결과물을 판단하기 위해서? 나는 아니라고 생각해. 적어도 작품 앞에서는 나와 작품만 존재해. 우리는 신이 아냐. 그냥 작품과 나 사이의 교감이 작품을 보는 기준인 거지. 물론 그 화가의 죄를 부정하는 건 아냐. 하지만 적어도 그 죄는 사회가 물을 일이지. 개인은 작품을 통해 스스로 무언가 느껴지는지 찾는 것! 이것이 예술이라고 생각해."

그의 말에 논리적인 반박을 할 수는 없었지만 어떤 생각 하나가 머릿속을 스쳤다. 다름 아닌 과거에 썼던 기록이었다. 매국노 이완용의 글씨를 인정해야 한다는 역설이 느껴졌다. 그래서 나는 어떻게든 그의 의견에 반대하고 억지로 우기며 버텼다. 대화가 끝나고 자리로 돌아와 앉아 혼란스러운 마음을 기록했다.

'작가의 정신세계와 마음은 작품에 닿아 있지 않은 것인가?

아니면 내가 그걸 알 방법은 아예 없는 건가?

아, 너무 혼란스럽다. 그럼에도 이완용의 글씨를 인정할 수는 없지 않나.

그래! 작품은 작가의 정신세계의 결과물이 맞다! 그래서 인정하면 안 된다.'

어떻게든 나의 가치관을 잘 지켜 낸 듯했다. 조금은 혼란스러운 상태로 지켜 냈다고 해야 맞는 이야기일 것이다. 그리고 기억 속에 사라진 상태로 다시 몇 년이 지났다.

한 프랑스 사교 모임에서 고객사의 소개로 모 예술가와 대화를 나누면서 이 문제가 다시 수면 위로 올라왔다. 그에게 물었다.

"요즘 작업 어떠세요? 최근 전시 정말 좋았어요. 저는 다섯 번 봤어요. 그런데 소장하고 싶었던 그림은 이미 판매됐더라고요."

그의 그림을 사고 싶었지만 못 산 아쉬움을 담아 그에게 그와 유사한 그림을 또 그릴 계획이 없는지 묻고 싶은 마음이었다. 그러나 그는 전혀 예상치 못한 답변을 내놓았다.

"제가 우울증으로 가장 아픈 시절에 그린 그림이 대중에게는 가장 사랑을 많이 받는 거 아세요? 자살까지 생각했을 때 그린 그림인데……. 앞으로 그 그림은 그리고 싶지 않네요."

나는 너무 당황스러웠다.

"그 작품이 작가님의 그런 고통 속에서 만들어진 건지 몰랐어요. 하지만 지금은 작가님의 손을 떠나 작품과 대중 사이에 일어나는 로맨스니까요. 작가님의 건강을 기원하며 더 이상 그 시리즈의 그림은 그리지 않으셨으면 좋겠네요."

나도 모르게 그냥 나온 말은 아니었다. 우리는 뭔가 말할 때 느낀다. 정말 공감해서 하는 말인지, 아니면 타인의 생각을 앵무새처럼 따라하는 것인지. 그 순간 나는 알았다. 어느새 내가 작가와 작품을 연결짓지 않는다는 생각을 긍정하고 있었다는 것을. 그럼 이완용 글씨를 인정하게 된 것일까? 너무 혼란스러웠다. 하지만 이런 순간이 내가 기록을 하며 기다려 온 멋진 타이밍 중 하나다.

1. 15년 전, 이완용과 김구 선생님의 글씨를 보고 느꼈던 감정. 작가와 작품의 정신세계는 일치한다는 생각.
2. 그리고 몇 년 뒤 프랑스 화가의 범죄와 그의 작품을 대하는 일부 사람들의 태도에서 작가와 작품의 세계가 일치하지 않을 수도 있다는 의견을 접한 순간.
3. 그리고 지금은 마치 작가와 정신세계가 서로 일치하는 게 중요치 않다는 식으로 말하고 있는 나!

이 세 개의 시점 사이에 있는 모든 기록들을 뒤지면 어떻게 될까? 그 어떤 시점에 씨앗처럼 발아된 가치관이 변화한 순간을 찾을 수 있을 것이다. 즉, 기록을 살펴보면 내가 무엇으로 인해 변했는지 알 수 있다.

살면서 가치관을 바꾸는 일이 얼마나 될까? 물론 말로만 바꾸는 게 아니라 진짜 사고와 신념이 바뀌는 순간 말이다. 가치관을 바꾸는 존재는 책일 수도, 사람일 수도, 또 다른 무언가일 수도 있다. 이런 존재와 꾸준히 접촉할 수 있다면 끊임없이 성장하고 변화할 수 있다. 그러니 내게 이토록 강력한 변화와 성장을 불러일으킨 존재가 무엇인지 찾아야 했다. 그래서 기록 노트를 꺼내 들었다.

생각보다 방대한 양이었다. 기간을 압축해서 찾아도 여든 권이 넘는 기록 노트에서 그 순간을 찾기란 쉬운 일이 아니었다. 5일 이상 걸려 모든 기록들을 읽고 나니 확실히 알게 됐다. 내 가치관을 흔들 정도로 자극을 주는 존재가 누구인지.

내게는 그런 존재가 둘 있었다. 프랑스에서 유명 조각가로 활동하며 베르사유 미술대학에서 교수로 재직 중인 소비 옴므Sobi Homme와 프랑스에서 사진작가로 활동 중인 플라스신Flashin이었다. 밤이면 그들을 만나 예술에 관해 토론을 했고, 적당히 취기가 올라온 상태로 다음 날 새벽까지 이야기를 나누기도 했다. 흥미로운 이야기들로 가득했던 그 순간을 놓치지 않기 위해 기록을 했다. 그중에 다음과 같은 기록을 발견했다.

'인간은 나약하다. 자식마저도 자신의 의지대로 움직이고 싶어 하는 나약한 존재.

세상에 태어난 순간 자식이라고 해도 그 존재는 세상에 유일한 존재이고 어디에도 없는 유일한 생명이다. 그 생명에게 이래라저래라 할 권리는 없다.

작품도 마찬가지다. 작가가 작품을 만들면 그때부터 작품은 자신의 여정을 떠난다.

나의 자식이 독립하듯, 작품의 독립을 위해 기도할 뿐이다.

작품은 내 손에서 태어났지만, 완성된 순간 더 이상 내 것이 아니다.

작품과의 분리는 작가의 숙명이다.'

이 생각의 씨앗이 나를 변화시켰다. 변화는 나쁘고 좋고의 문제가 아니다. 세상을 받아들이는 내 태도가 경직되지 않고 열린 상태를 의미한다. 그래서 나는 지금도 가치관이 정체되거나 답답함이 몰려오면 그들을 만나러 간다. 그들과의 대화를 통해 내 가치관을 말랑말랑하게 만들 수 있다. 내게는 정말 보물 같은 사람들이라 모임도 만들었다. 모임 이름은 '라수스La source, 본질'. 처음 만났던 동명의 카페에서 따왔다.

그렇게 나는 내 가치관을 바꾸거나 변화시키거나 다른 관점을 갖게 해 주는 존재를 찾았다. 그 존재는 모두가 다를 것이다. 하지만 기록을 통해 생각이 바뀐 지점을 찾을 수 있다면, 누구나 자신의 가치관을 변화시킬 존재를 만날 수 있다.

인생을 바꾸는 기록

프랑스에서 외국인으로 산다는 건 정말 고된 일이다. 낭만과 로맨스가 가득 담긴 선물 상자 같은 파리지만, 일을 하고 생계를 해결해야 하는 외국인에게는 일터 그 이상도 이하도 아니다. 인정받기 위해 애쓰며 야근도 밥 먹듯 했다. 누가 시켜서가 아니라 살아남기 위해서는 그래야 한다고 스스로 생각했다. 좋은 결실도 있었지만 결국 몸이 망가져 버렸다. 몸속 면역 체계 이상으로 콜린성두드러기라는 면역 질환이 생겼다. 몸의 온도가 1도만 올라도 얼굴과 손발을 제외한 온몸에 가려운 붉은 반점이 생기는 고통스러운 병이었다.

사람은 걷기만 해도 체온이 1도 오른다. 창피한 일이 생겨 부끄러워할 때도 1도가 오른다. 뛴다면 더 많이 오른다. 결국 일상생활이 불가능한 상황까지 오게 됐다. 잘 다니던 회사를 그만둘 수밖에 없었다. 나를 좋게 본 건지 감사하게도 회사에서 유급 휴가를 제안했다. 하지만 더 이상 아무 일도 할 수 없는 몸이 됐고, 낫지 않으면 모든 걸 포기하고 한국으로 돌아가야 하는 상황이었다.

며칠간 집에서 쉬면서 정말 답답했다. 아무것도 하지 않고 쉬는데도 계속해서 몸에 발진이 났다. 하루는 따뜻한 햇볕이 물든 센 강변을 걸었는데 햇볕이 조금이라도 닿은 곳은 어김없이 발진이 일어났다. 증상은 더 심해졌고 마음은 지쳐 갔다. 몸을 미친 듯이 긁으며 희망을 잃어 가고 있었다. 그때 센 강변 반대쪽 시테섬의 한 고택에서 문을 열고 나오는 노신사가 눈에 들어왔다. 그 짧은 순간, 가려움의 고통보다 노신사에 호기심이 발동했다.

그는 누구일까? 왜 저 고택에 사는 걸까? 저 고택은 어떤 공간일까? 내가 한국에서 봐 온 오래된 전통 가옥과는 뭐가 다를까? 궁금증이 꼬리에 꼬리를 물었다. 그를 바라보는 짧은 시간 동안 머릿속에는 프랑스 파리의 고택을 조사해서 한국의 전통 건축과 비교해 보고 싶다는 생각이 떠올랐다. 바로 노트를 펴고 새로운 생각을 적었다.

'고택을 조사해 보자. 방법은?'

1997년 전라남도 신안군 도초도에서 만난 할머니에게 오래된 집 이야기(이에 관한 자세한 이야기는 180쪽에 있다)를 들었던 때를 떠올렸지만 방법은 쉽게 찾아지지 않았다. 건축학교에서 나를 지도해 주셨던 알랭 펠리시에Allain Pelissier 교수님께 찾아갔다. 하지만 그도 방법을 알지는 못했다. 그는 오히려 내게 왜 그런 생각을 하게 됐는지 물었다. 나는 한국에서 인터뷰를 통해 들었던 집 이야기에 관해 말했다. 그러자 그는 그런 내용을 정리한 책은 들어본 적이 없다고 했다. 그 이야기를 듣자 기분이 좋아졌다. 내가 방법을 찾지 못한 게 아니라 아무도 관심을 갖지 않은 것이란 걸 알았기 때문이었다. 새로운 일이라 방법이 아직 없는 것일 뿐, 내가 만약 파리의 고택에 관한 숨은 이야기를 찾을 수 있다면 어쩌면 최초가 될지도 모를 일이었다. 그런 생각이 들자 더 방법을 찾아보고 싶어졌다. 집으로 돌아와 며칠을 고민했다. 어떻게 하면 그 고택의 문을 열 수 있을지에 관해 생각하고 또 생각했다.

연락처를 알지 못하는 누군가에게 집을 보여 달라고 하는 건 매우 무례한 일이다. 그리고 모르는 이가 내게 그런 시간을 내줄 리도 만무하다. 그러다 보니 내 마음을 솔직히 전하는 것 말고는 다른 방법이 떠오르지 않았다. 흰 종이에 펜을 들고 진심을 가득 담아 글을 써 내려갔다.

'고택을 소유하신 분께,

저는 프랑스에서 건축을 공부하고 지금은 건축가로 활동하고 있는 젊은이입니다.

프랑스 파리가 아름다움을 유지하는 것은 고택을 잘 지켜 주신 분들 덕분이라고 생각합니다.

당신의 고택은 파리의 보물입니다.

건축가로서 파리의 보물에 관해 깊이 알지 못하는 지금 상황이 안타깝습니다.

만약 프랑스 문화의 진수가 숨어 있는 고택 이야기를 들을 수 있다면, 건축가로서 성장하는 데 큰 도움이 될 것입니다.

물론 귀한 시간을 제게 내어 달라고 부탁드릴 수는 없습니다.

그러나 만약 아주 짧게나마 당신의 고택을 보여 주신다면 저도 프랑스 파리의 아름다움을 지키는 데 도움이 되는 건축가로 성장할 수 있을 것입니다.

파리의 보물인 고택을 바라보는 젊은 건축가로부터.'

이런 편지를 수십 장 썼다. 그리고 다음으로는 이 편지들을 건넬 방법을 찾아야 했다. 우체국에 가서 이야기하니 절대 안 될 일이라고 했다. 하지만 내 절실함이 통했는지, 한 집배원이 내게 방법을 일러 줬다.

"고택은 문이 잘 안 열리고, 열려도 천천히 닫혀요. 그 닫히는 사이에 누가 들어간들 어떻게 알겠어요. 그리고 내부에 또 다른 문이 있어요. 그 문을 열고 들어가는 건 불가능하겠지만, 그 문 앞에 우편함이 있잖아요. 난 그 우편함에 매일 우편물을 넣어요."

말을 마치며 그는 미소를 지어 보였다. 그의 조언대로 나는 고택의 문 앞에 서서 누군가가 나오는 타이밍을 기다렸다. 한 시간이 지나도록 아무도 나오지 않았다. 그렇게 기다림은 계속됐다. 그리고 드디어 문이 열리면서 누군가 나왔다. 바로 들어가고 싶었지만 의심받을지도 모르기 때문에 조금 시간을 기다렸다가 문이 닫히기 직전에 문 사이에 살짝 발을 끼워 넣었다. 그리고 아무렇지 않은 듯 문을 열고 들어갔다. 집배원 말대로 우편함 수십 개가 줄지어 있었다. 준비해 온 편지를 우편함에 하나씩 넣었다. 그렇게 여러 집을 오가며 편지를 넣었다. 처음에 몇 십 통으로 시작한 편지가 어느새 200통이 넘었다. 하지만 연락은 오지 않았다. 그렇게 포기해야 하나 싶었을 무렵, 내 우편함으로 낯선 편지 한 통이 도착했다. 내가 보낸 편지에 대한 답신이었다.

'방문을 기꺼이 허락합니다.'

그런데 적혀 있는 허락일이 편지를 확인한 바로 당일이었다. 친구와의 약속도 취소하고 시테섬에 있는 한 고택 앞에 섰다. 이 순간을 얼마나 기대했던가. 입구에서 스피커폰 버튼을 누르고 기다렸다. 스피커에서 한 노인의 음성이 흘러나왔고, 이내 두꺼운 정문이 철컥 소리와 함께 열렸다. 문을 지나 복도를 걸어 계단으로 향했다. 작은 엘리베이터도 있었지만 2층에 있는 집이었기에 계단으로 올라갔다.

문 앞에서 크게 심호흡을 하고 벨을 눌렀다. 잠시 후에 문이 열렸고, 노인과 나는 시선이 마주쳤다. 반갑게 인사를 건넨 나와 달리 그녀는 인사 대신 나를 물끄러미 바라봤다. 그리고 문이 조금 열린 상태에서 문손잡이를 꼭 잡고 있었다. 문을 활짝 열어도 될지 고민하는 눈치였다. 뭔가 잘못된 것 같았다. 그래서 나는 그녀가 보낸 편지를 가방에서 꺼내 보여 주려고 가방을 뒤적거렸다. 그사이 문이 닫혔다. 너무 놀라 급히 벨을 눌렀다. 스피커폰으로 그녀의 목소리가 흘러나왔다.

"뭔가 착오가 있었던 것 같네요. 미안하지만 집에 들어오실 수 없습니다."

"네? 제가 무슨 실수를 했나요? 편지에 답장 써 주신 분 아니신가요?"

"그건 제가 쓴 게 아니에요……."

"하지만…… 입구에서 열어 주신 건……."

그녀는 더 이상 답이 없었다. 황당했다. 나는 아무것도 하지 못했다. 그냥 이번에는 운이 나빴다 생각하며 허탈한 마음으로 집으로 돌아왔다. 이후 며칠이 지나자 내가 보냈던 편지들에 대한 답장들이 또 하나 둘 도착하기 시작했다. 그 고택들을 구경할 생각에 기대감이 가득 차올랐다.

하지만 막상 가 보니 모두가 마치 약속이라도 한 듯, 매몰차게 문을 닫았던 그 노인처럼 내게 집을 보여 주는 걸 꺼렸다. 어떻게 해서 집에 들어갔더라도 정말 금방 나가야 했다. 급한 약속이 생각나서 안 되겠다는 둥 말도 안 되는 핑계가 대부분이었다. '인종차별인가?' 하는 생각까지 들었다. 어쩌면 프랑스인 건축가를 기대했는데, 아시아인 건축가가 와서 그럴지도 모른다는 의심이었다.

이후로도 여러 차례 시테섬의 고택들에 방문했지만 제대로 보고 들을 기회는 없었다. 점점 용기를 잃었고 또다시 모든 걸 포기해야 하나 싶어졌다. 왜 200통 넘는 편지를 보냈는지 후회가 몰려왔다. 답장들이 쌓여 갔지만 이제 찾아갈 마음도 들지 않았다.

받은 편지들을 심드렁한 마음으로 보다가 특이한 편지봉투에 시선이 멈췄다. 오래된 편지봉투였다. 누가 봐도 요즘에 인쇄되는 그런 편지봉투가 아니라 마치 손으로 직접 접어서 만든 듯했다. 두께도 두꺼웠다. 예전에 그런 이야기를 들은 적 있다. 요즘이야 우편 배송 시스템이 완벽해 편지봉투가 얇아도 문제가 되지 않지만, 예전에는 편지봉투가 두껍고 나름 방수도 돼야 편지가 잘 보존될 수 있었다는 것이다. 그 옛날의 편지봉투를 본 적은 없었지만 지금 받은 편지봉투는 50년은 더 돼 보였다. 그 봉투를 조심스럽게 뜯었다. 편지지를 꺼내자 단 한 줄이 적혀 있었다.

'나의 추억이 담긴 집으로 당신을 초대합니다.'

그 짧은 한 줄의 문장이 내 마음을 다시 뛰게 만들었다. 물론 내가 먼저 요청한 것이지만 초대의 편지를 보내 온 그가 궁금했다. 그리고 어쩐지 이번에는 정말 고택 이야기를 들을 수 있을 것 같다는 확신이 들었다. 며칠 뒤 시테섬에 위치한 그 고택을 찾았다. 편지의 주인공인 노인이 맞아 주었고, 그녀와 살롱(거실)에 앉았다. 분명 그녀가 열어 준 문으로 들어왔는데 그녀는 내게 의심스러운 눈초리를 보냈다. 이번에도 왠지 쉽지 않은 상황으로 치닫고 있음이 느껴졌다. 그녀는 내게 물었다.

"실례가 안 된다면 정말 건축가이신지 확인할 수 있을까요?"

"네? 네? 아! 네, 그럼요."

그녀에게 내 명함과 건축가협회 회원카드를 보여 줬다. 그러자 그녀는 크게 안도의 한숨을 쉬더니 내게 말했다.

"제가 차도 대접하지 않았네요. 차 한잔 하시죠."

이어서 그녀가 해 준 이야기는 충격적이었다. 시테섬에 있는 자신의 이웃들은 두 인종을 조심한다고 했다. 아랍인과 중국인이었다. 아랍인 부호와 중국인 부호가 큰돈을 갖고 시테섬의 집을 사려 한다는 것이었다. 집을 사는 건 문제가 되지 않는다. 다만 그들이 집을 사 놓고 일 년에 한 번도 오지 않는다는 게 문제였다. 그녀에게 아랍인과 중국인은 자신의 이웃들을 빼앗아 가는 사람들이었다. 그래서 내가 부동산 중개인일지도 모른다고 생각한 모양이었다. 놀랍게도 내가 아랍인인 줄 알았다고 했다. 아랍 혼혈이라고 생각해 부동산 매매를 제안하러 온 줄 알았단다. 인종차별이 아닌, 오해에서 비롯된 해프닝이었다.

그렇게 그녀와 이런저런 이야기를 나눌 수 있었다. 그녀는 이후 방문하게 될 고택에는 건축가임을 증명하는 서류부터 보여 주라고 조언했다. 덕분에 이후 고택들에서는 비교적 쉽게 이야기를 들을 수 있었다. 그리고 그 내용을 모두 노트에 기록했다. 기록은 8년 가까이 진행됐다. 물론 8년을 여기에만 매달렸다는 건 아니다. 그사이 몸이 회복돼 다시 건축 일을 할 수 있게 됐고, 이후에는 일하면서 시간 날 때 조금씩 고택을 방문해 내용을 정리하다 보니 8년이라는 시간이 흐른 것이다.

글이 어느 정도 쌓인 뒤에 알랭 교수님께 말씀드리니 이 내용을 논문으로 써야 한다고 하셨다. 그의 이야기를 노트에 적었다.

'파리가 너에게만 특별한 메시지를 전해 줬으니, 너는 메신저의 역할을 해야 한다.'

교수님의 조언으로 8년간 모은 자료를 다시 정리해 4개월간 논문을 썼다. 거의 완성될 무렵 감사를 전하기 위해 인터뷰에 응해 주셨던 분들께 편지를 보냈다. 논문을 마무리할 즈음 도착한 답장들은 충격적이었다. 자신의 집 이야기는 쓰지 말아 달라는 부탁부터 자신의 이야기를 쓰는 건 배신이라는 말까지 등장했다. 한 분 외에는 모두 거절이었다. 직접 찾아뵙고 설명도 드렸지만 완고했다.

내가 간과한 사실이 하나 있었다. 파리 시민들은 관광객이 많아지는 것을 그리 좋아하지 않는다. 관광객이 많아지면 소매치기나 각종 치안 문제가 발생하고 물가가 오르며 제대로 쇼핑이나 장을 보기 힘들어지기 때문이다. 그런 상황에서 자신의 집이 가십처럼 세상에 알려지면 관광객들이 집을 기웃거릴 테고 조용히 여생을 마무리하는 데 방해가 된다는 것이었다.

논문을 거의 다 써 놓고 멈출 수밖에 없었다. 알랭 교수님께도 이 이야기를 전했지만 딱히 방법을 찾지 못했다. 나는 문제가 생겼을 때도 기록을 했다. 그날의 기록엔 이렇게 적혀 있다.

2013. 1. 9

그들은 자신의 집이 혼란속에 놓이는 것을 원하지 않았다.
익명성이 보장되지 않는 삶을 원하지 않는다.
어떻게 그들의 이야기를 세상에 보여 줄수 있을까??

그렇게 알랭 교수님과 나는 어쩔 수 없이 논문을 접었다. 어떤 일을 할 때, 물리적인 외압으로 멈추게 될 때가 있다. 그러나 그 순간 포기하고 싶지 않은 마음에 기록을 해 둔다. 기록해 두면 잊지 않게 되고, 언젠가 준비가 됐을 때 다시 기회를 만들어 볼 수 있기 때문이다. 물론 10년 넘게 해결되지 않은 것들도 많다. 그러나 적어도 나는 기록을 해 둠으로써 끝까지 포기하지 않으려고 애쓴다.

며칠이 지나 알랭 교수님으로부터 전화가 왔다.

"정말 방법이 없을까? 어떻게 안 될까? 다시 설득해 볼까?"

"그분들은 허락하지 않으실 거예요. 그분들의 신상과 이야기, 주소가 다 노출되는 거잖아요."

전화를 끊고 알랭 교수님과의 통화 내용을 적으려고 노트를 펼쳤다.

그때 '익명성'이라는 글자가 다시 보이기 시작했다. 그리고 밑에 이렇게 적었다.

2013. 1. 9

그들은 자신의 집이 혼란속에 놓이는 것을
원하지 않았다.
익명성이 보장되지 않는 삶을 원하지 않는다.
어떻게 그들의 이야기를 세상에 보여줄수
있을까?

2013. 1. 12

익명성을 지켜줄 수 있는 글은 어떤 글일까?

또 며칠이 지나 알랭 교수님께 전화가 왔다. 그는 다급한 목소리로 내게 말했다.

"소설로 각색하는 건 어때? 그러면 그분들의 프라이버시를 지켜 드릴 수 있지 않을까?"

그 이야기를 듣는 순간 익명성을 지킬 수 있는 글이 바로 '소설'이란 걸 깨달았다. 그리고 신이 나서 알랭 교수님께 말했다.

"안 그래도 며칠 전에 익명성을 지켜 줄 수 있는 글이 뭘까 생각했는데 교수님께서 말씀하신 '소설'이 답인 것 같아요. 그럼 제가 모은 자료를 다 보내 드리면 될까요?"

"그 자료를 왜 나한테 보내?"

"교수님께서 소설을 쓰셔야 하니까요."

"내가 어떻게? 네가 인터뷰하고 모은 자료니까 네가 써야지. 내가 쓰면 왜곡될 거야."

"교수님, 저 외국사람이에요. 논문도 간신히 쓴다고요. 제 논문 검수해 주시니 잘 아시잖아요. 제가 프랑스어를 말할 수는 있어도, 글로 쓰는 건 다른 문제예요. 특히 문학의 정수인 '소설'을 외국인인 제가 쓴다고요? 하하하. 그건 말이 안 되죠."

"그렇긴 하네. 외국인이 프랑스어로 소설을 쓰는 건 어렵겠구나."

우리는 또 문제에 봉착했다. 전화를 끊고 다시 노트를 펼쳐서 적었다.

2013. 1. 13

익명성을 지켜줄수 있는 '소설' 그러나

누가 쓸수있나? 나는 외국인!

내가 프랑스어로 어떻게 소설을 쓸까?

쓴다해도 이건 애폭특성이 되지 않을까?

결국 이 상태로 꽤 오랜 시간이 지나갔다. 그렇게 수개월의 시간이 흘렀고, 내 기억 속에서도 거의 사라지고 있었다. 노트를 펼치면 기억이 다시 솟아났지만 덮으면 또 잊히는, 해결책이 보이지 않는 상황이었다.

어느 날, 알랭 교수님과 식사를 하게 됐다. 프랑스 생활에 관해 이런저런 이야기를 나누고, 은퇴를 앞둔 교수님의 계획에 대해서도 들었다. 그러다 갑자기 교수님께서 내게 물으셨다.

"혹시 너 모국어로 글은 잘 쓰니?"

"네? 한국어요? 잘 쓰는지 못 쓰는지는 잘 모르겠네요."

"그럼 파리의 고택 이야기를 한국어로 써 보면 어때?"

"네? 소설은 써 본 적도 없어요. 안 돼요."

"네가 한국어로 마음껏 쓰면 내가 프랑스어로 멋지게 번역하면 되지 않을까?"

"네?"

결국 교수님의 설득에 넘어가 생전 써 본 적 없는 글, 소설을 쓰게 됐다.

이제 와 돌이켜 보면 당시 교수님은 어떻게든 고택 이야기가 글로 세상에 나와야 한다는 생각에 그냥 거짓말을 하셨던 거였다. 대신 영국과 프랑스 유명한 출판사에서 번역, 출간을 하게 됐으니 교수님 덕분인 셈이다.

그러나 글을 쓰기 시작하면서 고통이 몰려왔다. 건축 일을 병행하면서 쓰다 보니 새벽에 일어나 잠깐씩 쓰는 게 내가 할 수 있는 전부였다. 처음엔 무작정 써 내려갔다. 완성을 한번 해 보고 나서 스스로 판단해야 한다고 생각했다. 그래서 정말 그냥 말 그대로 무식하게 써 내려갔다. 다 쓰는 데는 한 달이 채 걸리지 않았다. 다 썼다는 만족으로 누군가에게 평가를 받고 싶었다.

당시 프랑스에서 건축가로 활동 중인 친구에게 원고를 보냈다. 한국인이면서 책을 좋아하고 프랑스 문화에 깊은 통찰력을 가진 친구였다. 친구는 매우 흥미로워했고, 일주일 뒤에 내게 만나자고 했다. 그리고 그가 평해 주는 내용을 적기 위해 노트를 펼쳤다.

2013. 6. 6

친구의 평가.

"이렇게 쓰레기 같은 글을 다 읽은 나를 칭찬하고
싶다.
이건 소설이 아니다. 미안하지만 글도 아니다.
무슨 말을 하는지 도대체 모르겠다"

충격적이었다. 그에게 물었다.

"그럼 내가 어떻게 하면 소설을 쓸 수 있을까?"

"소설을 좋아하긴 해? 좋아하는 작가가 있어? 누구야?"

"많지. 엄청 많은데…… 기욤 뮈소, 움베르토 에코, 파트리크 쥐스킨트, 파울로 코엘료 등등."

"그럼 그 작가들 책을 다시 읽어 봐."

"나 그 작가들 책들 최소 세 번 이상은 읽었어. 내용 다 알아."

"그게 아니라, 네가 소설 같지 않은 소설을 써 봤으니까 이제 그 작가들의 글에서 다른 게 보일 거야. 행간의 여백이나 메시지들 말이야. 내가 갖고 있는 책들도 빌려줄게. 다시 읽어 봐."

그와의 대화를 기록했다.

2013. 7. 2

친구의 이야기

"소설을 써 본 사람의 눈에는 소설가의 글이
다르게 보일것이다.
행간의 여백에 담긴 메세지도 보일것이다"

수차례 읽어 봤던 책들을 다시 펼쳤다. 그러자 미처 생각지 못했던 내용들이 눈에 들어왔다.

어떻게 페이지를 넘기게 하는지,

어떻게 중요한 단서를 보여 주고 회수하지 않아도 되는지,

어떻게 묘사해야 생동감이 넘치는지,

어떻게 복선과 반전을 만드는지,

소설가들이 숨겨 놓은 수많은 메시지들이 보이기 시작했다.

이제 배웠으니 실천할 차례였다. 바로 소설을 다시 고쳐 쓰기 시작했다. 일주일이 걸렸다. 당당한 마음으로 친구에게 원고를 보냈다. 이번에는 좋은 피드백이 올 것이라 생각했다. 하지만 그의 평가는 예상과 달랐다.

2013. 8. 4

친구의 평.

‘온통 기술과 테크닉만 가득한 개연성 없는 글”

친한 친구이기에 해 줄 수 있는 말이었지만 내게는 좀 아픈 피드백이었다. 소설을 쓰는 건 역시 불가능한 게 아닌가 하는 생각이 머릿속을 지배하기 시작했다. 그러나 그는 이어서 내게 한 가지를 물었다.

"건축 설계를 할 때, 정말 마음에 들지 않으면 넌 어떻게 고쳐?"

"그런 경우는 처음부터 방향이 잘못 설정된 것일 수 있어서 고치기보다는 다시 설계를 시작하지."

"바로 그거야. 글도 마찬가지 아닐까? 고쳐 쓰지 말고, 다시 써 봐. 그럼 방향이 보일지도 모르잖아."

2013. 9. 1

'건축처럼 소설도 처음부터 다시 쓴다? 마음에 드는 순간까지 계속해서 다시 쓴다……'

그의 말대로 다시 쓰기 시작했다. 그리고 다시 쓴 내용을 정독하고 문제점을 스스로 찾은 뒤, 다 쓴 원고를 뒤로하고 처음부터 또 다시 썼다. 그렇게 거의 여덟 번 다시 썼다. 원고 여덟 개가 생겼다. 여덟 번째 원고를 친구에게 전해 줬을 때, 그는 내게 말했다.

"와! 이게 되는구나. 이제 진짜 소설 같다."

하지만 여기서 멈추지 않고 다시 원고를 몇 차례 더 썼다. 총 열 번쯤 됐을 때 출판사에 보냈고, 그렇게 책으로 나왔다.

8년간의 고택에 대한 기록과 2년간의 집필 기간이 만나 책 한 권이 만들어졌다. 내가 만약 기록을 하지 않았다면 내가 소설을 쓰리라고는 상상하지 못했을 것이다. 나조차도 믿지 못할 일이 일어난 것이다. 작은 호기심에서 시작된 작은 기록을 통해 소설이라는 세계에 발을 내딛게 됐다. 기록이 인생을 변화시키는 순간이었다.

기록은 이렇게 새로운 생각을 만들고, 또 기존에 갖고 있던 생각, 편견이나 가치관을 다시 한번 돌아보고 변화할 기회를 준다. 그리고 그 과정에서 전혀 예상치 못했던 방향으로, 하지만 꽤 근사한 방향으로 인생을 이끈다. 다음 장에서는 내가 주로 어떤 기록들을 하고 있고, 그 기록이 무엇을 해냈는지 보여 주려 한다.

PART 2

기록이 만든 기록

하나,

부정적인 생각의 기록

시끄러운 빗소리가 음악이 되다

누구에게나 기호가 있다. 좋고 싫음은 어쩌면 인간이 가진 가장 원초적인 감정일지도 모른다. 사랑의 감정에서도 이 둘은 종이 한 장 차이로 갈린다고 하지 않던가. 그만큼 긴밀하고도 미묘한 관계다. 흥미로운 건 사람들은 대개 '좋음'보다 '싫음'에 더 분명한 이유를 갖고 있으며, 사람들의 기억에 오래도록 남는 감정 또한 '싫음'이라는 점이다. 그러나 창의적인 아이디어에 가장 독이 되는 게 싫음이다. 따라서 창의적인 아이디어를 원한다면 싫다는 감정을 좀 더 구체적으로 들여다볼 필요가 있다.

어느 날 프랑스 친구와 함께 파리의 지하철을 탔을 때였다.

"난 지하철이 너무 싫어. 너무 더럽고, 사람들 땀 냄새도 짜증나, 정말 너무 싫어."

불평을 늘어놓는 내게 친구는 웃으면서 말했다.

"난 지하철이 아름다워 보여."

어안이 벙벙해진 나는 친구의 말을 이해하기가 쉽지 않았다. 그래서 다시 물었다.

"이게 정말 아름다워 보여? 이 더러운 게 아름다워?"

"비록 더럽지만, 아름다워! 지하철에서는 누구나 똑같은 비용을 지불하고, 똑같은 권리를 갖잖아. 겉모습, 나이, 성별, 사회적 계급이 무너지고, 약자의 권리가 강해지는 공간인 동시에 강자의 권리는 약해지는 공간이지. 가장 대중적인 공간이기도 하고, 유일하게 모두에게 공평한 우리 사회의 탈출구니까. 파리에서는 부자들도 일 년에 한두 번은 지하철을 타. 집이 없는 홈리스들에게는 매일 안식처가 되기도 하지. 이들이 평등하게 만날 수 있는 공간이 지하철 말고 또 있을까? 겉으로 보기엔 더러운 공간이라도 다양한 계층의 평등한 만남을 생각하면, 어쩌면 가장 순수하고 아름다운 공간으로 볼 수도 있지 않을까? 그리고 더러움의 기준이 무엇인지도 곰곰이 생각해 볼 일이야. 자식을 위해 농사를 짓는 부모의 손에 흙이 묻었다 한들, 우리는 그 손을 더럽다고 하지 않잖아. 아름답다고 말하지. 그렇게 보면 더러움과 아름다움은 상관관계가 없지 않아?"

그 친구의 말에 한동안 머리를 얻어맞은 것 같은 신선한 충격에 휩싸였다.

그리고 이제 더 이상 지하철은 내게 싫은 대상이 아니게 됐다. 오히려 자본주의 사회의 빈부 격차를 동시에 보고 들을 수 있는 가장 아름다운 공간이라는 생각까지 들었다. 무엇보다 이 대화를 통해 깨달은 건 내가 품고 있는 모든 부정적 생각들을 다시 한번 들여다볼 필요가 있다는 것이었다.

과연 내가 싫어하는 대상에 대한 이유는 정당한 것일까?

그 싫다는 감정을 다른 시선으로 바라볼 수는 없을까?

새로운 관점에서 다시 마주한다면 그 감정은 조금은 달라질지도 모른다.

이런 생각을 검증하기 위해서는 실천해 볼 필요가 있었다. 그래서 내가 싫어하는 것을 찾아 긍정적인 것으로 바꿔 보는 프로젝트를 시행하기로 마음먹었다. 그리고 노트에 이 마음을 적어 뒀다.

시끄러운 빗방울 소리

얼마 후 파리의 어느 밤, 나는 불현듯 잠에서 깼다. 악몽 때문도 아니었고, 특별한 이유도 없었다. 새벽의 고요 속에서 다시 잠들기 위해 애쓰던 순간, 어디선가 미묘하게 거슬리는 소리가 들렸다.

팅! 팅! 팅!

소리가 들려온 곳은 창가의 발코니 난간이었다. 밖에는 비가 내리고 있었다. 발코니엔 천장이 있었지만 비가 내리는 각도가 이상하리만큼 발코니 난간으로 떨어졌다. 문제는 그 난간이 속이 빈 스테인리스 재질이라, 빗방울이 부딪힐 때마다 공명이 일어나면서 더욱 거슬리는 소리를 만들어 낸다는 점이었다.

팅! 탕! 팅! 팅! …

그 소리가 거슬리기 시작하자 도통 잠들 수가 없었다. 짜증이 솟구쳤다. 급기야 한국에서 한여름 장맛비 속을 거닐며 느꼈던 꿉꿉한 기억까지 떠오르면서 빗방울이 너무 얄밉게 느껴졌다. 바로 그때였다.

'이거다! 내가 싫어하는 이 빗방울에 대한 생각을 바꾸는 도전을 해 봐야겠다!'

그리고 느끼는 감정을 그대로 노트에 적었다. 감정 그대로를 적다 보니 욕도 있었지만 그 순간을 여과 없이 적고 싶었다. 누구에게 보여 줄 게 아니니 예쁘게 적을 필요도, 멋을 부릴 필요도 없는 있는 그대로의 날것에 가까운 기록이었다.

2011. 11. 13

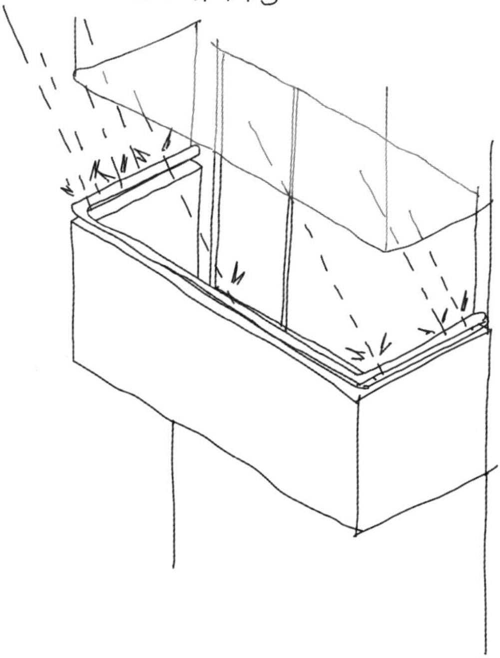

발코니 난간에 시끄러운
빗방울 소리 때문에
잠을 못 자겠다!
난간을 없애버릴까???
...

나의 부정적인 생각을 노트에 적은 뒤로 틈만 나면 주변 지인들에게 빗방울에 관한 개인적인 생각을 묻기 시작했다. 그리고 나와 다른 그들의 생각도 적어 뒀다. 빗방울에 대한 나의 부정적인 생각을 바꾸는 데 있어서 가장 먼저 필요한 게 나와 다른 긍정적인 생각들을 모아 보는 것이라고 생각했다.

마침 친구가 모임에 초대해 줘서 다양한 분야의 사람들을 한 번에 만날 기회가 생겼다. 그들과의 대화 속에 조심스럽게 '빗방울'에 대한 질문을 녹여 넣었다. 각자 자신의 경험, 직업, 기억에 기반해 여러 의견들을 주었다. 모임에서 처음 대화한 사람은 이렇게 말했다.

"빗방울은 생명의 시작이죠."

이분은 과학자답게 물에 대한 여러 이론들을 설명해 주었는데 아쉽게도 다 알아듣긴 힘들었고, 조금 지루했다. 그럼에도 그의 이야기를 최대한 가감 없이 노트에 적었다. 그리고 다음에는 예술가와 대화를 나눴다.

"파리를 아름다운 보석으로 만드는 도구예요."

과연 아티스트다운 표현이었다. 비가 오면 바닥에 물웅덩이가 만들어진다. 그리고 웅덩이에 파리가 비친다. 그녀는 그 웅덩이가 마치 파리에 숨겨진 마법의 공간으로 들어가는 문 같다고 했다. 그 문에 들어가려고 발걸음을 옮기는 순간 물웅덩이가 출렁거리면서 반사된 파리의 야경도 같이 흔들리는 장면을 몽환적으로 설명했다. 그리고 마법에 빠진 파리로 들어가는 문은 아무에게나 허락되지 않는다고도 했다. 그녀가 술에 취해서 하는 소리 아닌지 의구심이 들었지만, 그래도 그녀의 이야기를 그대로 노트에 적었다. 노트에 적고 있으니 무엇을 적는 건지 궁금해하는 사람들도 더러 있었다. 그럴 땐 에둘러 핑계를 대며 별거 아니라고 말했다. 이어 나를 초대해 준 바이올리니스트 친구와 대화를 이어 갔다. 그는 내게 말했다.

"빗방울은 하늘이 연주하는 음악이지."

바이올린을 연주하는 이 친구는 비가 오는 날엔 나무로 만든 바이올린이 습기를 먹지 않도록 조심해야 함에도 불구하고, 비오는 날 창문을 활짝 열고 바이올린 연주하는 걸 좋아한다. 물론 공연장에서 연주하는 바이올린은 따로 있다. 하지만 밖에서 마음껏 연주하는 것도 좋아하다 보니 저렴하고 낡은 바이올린을 하나 더 갖고 있었고 빗방울 소리와 앙상블을 이루는 바이올린 연주로 내게 작은 공연을 선사해 주곤 했다. 이어 한 분이 내게 무뚝뚝한 표정으로 말을 건넸다.

"빗방울은 씨앗을 키워 주는 소중한 물이라고 생각합니다."

농업에 종사하고 있는 그는 모종을 심은 직후에 비가 내리지 않으면 잘 자라지 못한다면서 비는 언제나 고마운 선물이라고 했다. 또 나와 함께 초대돼 온 직장동료는 이렇게 말했다.

"갑작스런 소나기는 당혹감을 주지만, 집에선 시원한 소나기로 보이죠."

내게는 가장 공감 가는 일반적인 이야기였다. 그 이야기도 노트에 적었다. 그리고 모 대기업 CEO이자 시인 감성을 가진 분께도 여쭤보았다. 그분은 나의 정신적인 멘토이기도 했다.

"추억, 그리고 하늘의 아름다움. 하늘의 울림이 펼치는 거대한 드라마……."

시적인 표현이었다. 그 뒤로도 빗방울에 대한 수많은 찬사가 이어졌고, 그 내용을 최대한 있는 그대로 노트에 적으려 애썼다. 모임이 끝나고 보니 많은 사람들의 이야기가 노트에 담겼다. 그 내용을 다시 읽어 봤다. 결론적으로, 내가 부정적으로 생각했던 빗방울은 나 외에 많은 사람들에게 아름답고 긍정적인 존재였다. 이젠 내가 싫어하는 구체적인 이유를 찾아볼 타이밍이었다.

내가 적은 빗방울에 대한 생각을 다시 보기 위해 노트를 뒤적였다. '빗방울 소리가 짜증난다'라고 쓰여 있는 부분에 시선이 멈췄다. 그러고는 잠시 생각에 잠겼다. '빗방울'과 '소리' 그 상관관계에 대해서……. 빗방울 그 자체에는 본래 소리가 없다. 내가 들은 건 빗방울 소리가 아닌, 그것이 부딪히는 대상의 울림이었다. 내가 싫어한 것도 빗방울이 아니라, 속이 빈 스테인리스 난간에 부딪히며 만들어진 마찰음이었던 것이다. 그렇다면 빗방울이 부딪히는 대상을 새롭게 디자인해 맑고 청아한 울림을 내도록 바꿀 수는 없을까? 그래서 곰곰이 생각하다가 청아하고 맑은 소리가 나는 물건으로 실로폰(글로켄슈필)을 떠올렸다. 실로폰은 사람이 봉을 두드려서 소리를 낸다. 빗방울이 봉이 된다면? 빗방울이 연주하는 실로폰 연주를 들을 수 있지 않을까? 하는 생각이 들었다. 흔히 실로폰이라고 하면, 쇠로 된 실로폰을 떠올리기 쉬운데 사실 실로폰의 시작은 나무였다. 나무로 된 실로폰을 만들어서 빗방울이 떨어지는 밖에 놓는다면, 집 안에서 맑고 청아한 빗방울 소리를 들을 수 있을 뿐 아니라, 거리를 지나던 연인이나 행인들에게도 낭만적인 분위기를 줄 수 있을 것 같았다.

2011. 12. 11

거리를 만든다.
빗소리가 음악이 되는
거리를 만든다.

les balcons qui chantent,
deviennent un instrument
de la musique de la nature
dans la rue ....

빗방울 실로폰

동네 목공방에 들렀다. 빗방울 소리가 울리는 실로폰을 만들기 위해서였다. 목공방의 목수는 내게 실로폰 재료로 로즈우드Honduran Rosewood와 테르모우드Thermowood를 제안하며 나무 조각을 여러 개 줬다. 신나게 만들면서 잘못 만든 건 그대로 폐기했다. 사실 나무 조각들은 그냥 주는 거라고 착각했다. 몇 달에 걸친 시행착오 끝에 소리가 적당히 울리게 하기 위해 작은 금속 봉을 주문해 나무에 결속시켰다. 부딪히는 작은 충격에도 소리가 울릴 수 있도록 금속 관을 쓴 것이다. 내가 발코니 금속 봉 때문에 짜증이 나서 여기까지 온 것인데 아이러니하게도 다시 금속 봉을 집어 들고 있었다.

드디어 완성이었다. 예상치 못한 목공 비용 영수증도 함께 청구됐다. 약 3,000유로, 한화로 492만 원정도였다. 정말 당황스러웠다. 굳이 왜 이 사달을 만들었는지 후회가 밀려왔다. 항상 느끼는 거지만 뭔가 일을 벌이면 꼭 문제가 생긴다. 후회는 너무 늦다. 어쨌든 결과적으로 난 빗방울 실로폰Raindrops Xylophone을 디자인했다.

small pot for tiny plants

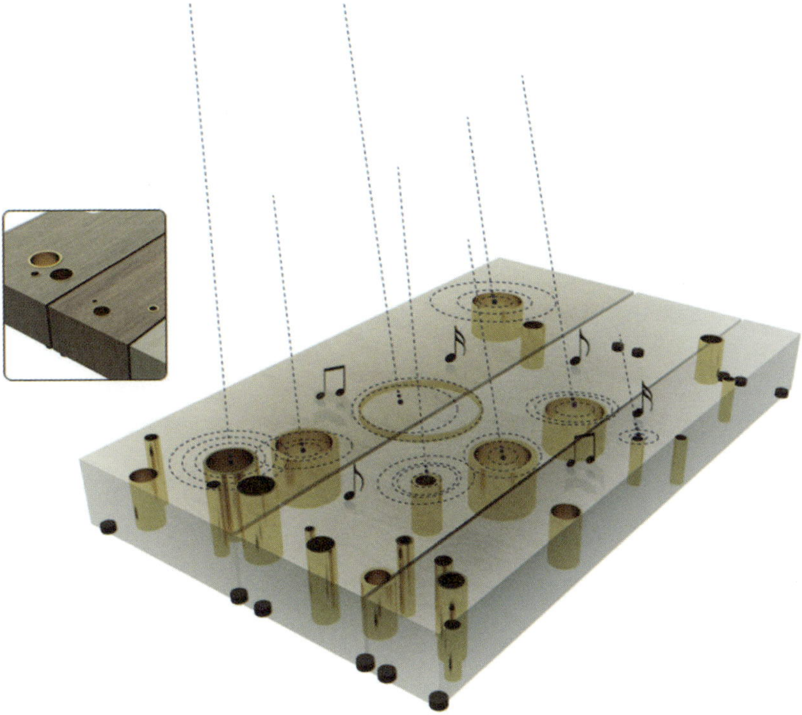

하지만 이후 한 달 넘게 파리에 비가 오지 않았다. 매일 일기예보를 보며 비를 기다렸지만 화창한 날씨가 이어졌고, 답답하기만 했다. 기다림에 지치다 보니 발코니에 놓아둔 빗방울 실로폰은 머리에서 서서히 잊혔다.

그러던 어느 날 회사 일을 마치고 집으로 돌아오는데 비가 내리기 시작했다. 아무 생각 없이 대수롭지 않게 빗속을 걸었다. 그러다 문득 빗방울 실로폰이 떠올랐다. 그때부터 그야말로 우사인 볼트처럼 뛰기 시작했다. 이렇게 비가 반가운 적은 없었다. 미친 듯이 집으로 달렸다. 문을 열고 집 안으로 들어가자마자 발코니 창문을 활짝 열었다. 작지만 청아한 소리가 울려 퍼지고 있었다. 빗방울 실로폰에서 나는 소리였다. 마냥 신기해 가만히 그 소리를 들었다. 전화벨이 울리는 줄도 모른 채 빗방울이 연주하는 자연의 음악에 집중했다. 저녁 약속도 잊고 있었다. 전화벨 소리가 귀에 닿으면서 나는 그 마법 같은 음악에서 겨우 깨어났다. 전화를 받자마자 친구에게 말했다.

"야! 우리 집으로 와! 빗방울이 연주하는 자연의 음악을 들으러 와! 빨리!"

그때 친구는 엄청 당황했다고 한다. 나는 아랑곳하지 않고 더 많은 사람들에게 들려주고 싶은 마음에 전화를 돌렸다. 몇 사람에게만 소식을 전했을 뿐인데, 금세 쉰 명이 넘는 사람들이 집으로 몰려왔다. 작은 집에 그들을 모두 품을 수 없어서 몇몇은 근처 카페에서 차를 마시며 순서를 기다렸다. 그리고 한 사람씩 빗방울 실로폰 소리를 들으러 조용히 문을 열고 들어왔다.

잠시 맥주를 사러 나갔다 와 보니 집은 온통 난장판이 돼 있었다. 모두들 즐거워 보였지만 신발을 신고 들어온 많은 인파에 집 안은 대청소가 필요해 보였다. 나는 뼛속 깊이 한국인이기 때문에 집에 신발을 벗고 들어오는데 프랑스 사람들은 신발을 신고 들어온다. 내가 자리를 비운 사이 제지할 사람이 없었던 탓에 바닥은 금세 엉망이 됐다. 하지만 모든 걸 내려놓고 그저 그 순간을 즐겼다. 그때 한 친구가 물었다.

"이거 네가 만든 거야?"

"응. 이거 만드느라 손해가 많이 났어. 대체 왜 만든 건지 짜증 나! 하하하."

"혹시 나한테 팔래?"

"진짜? 이거 만드는 데 나 3,000유로 정도 썼는데……."

"그럼 내가 4,000유로에 사면 어떨까?"

"오!"

내가 수긍하려는 순간 친하게 지내던 나의 친구 안Anne이 방해하듯 가로막았다. 안은 나와 자주 만나는 친한 친구였다. 그가 내게 말했다.

"이거 팔면 안 돼! 대신 이걸 디자인 공모전에 출품해 보는 거 어때?"

"말도 안 돼! 난 디자이너가 아냐. 건축가지. 내가 무슨 공모전 출품이야? 나 디자인 교육은 받아 본 적도 없어."

"꼭 교육을 받아야 디자이너가 되는 건 아니잖아."

"무슨 말인지는 알겠는데, 안 돼! 건축 교육을 받지 않았는데 어떻게 건축가가 되겠어. 안 돼! 그냥 팔래."

안은 잠시 고민하는 듯했다. 더 이상 설득은 포기한 듯 부엌으로 가서 시원한 맥주 한 캔을 따더니 한 모금 마시며 내게 다가와 말했다.

"고흐, 모네, 다 빈치! 그들 모두 아마추어로 시작했어. 모두 교육을 받아서 예술가가 된 게 아냐. 그들이 뭔가 새로운 걸 만들면 전문가들이 와서 그 과정을 살펴보고 그걸 가져가서 교육기관에서 학생을 교육하지. 그럼 학생들이 졸업하고 나서 전문가가 되고. 교육의 중요성은 인정하지만 인간의 창작 욕구는 아마추어와 전문가의 경계를 뛰어넘는다고 생각해."

결국 설득에 넘어간 나는 안의 도움으로 아무것도 모르는 상태에서 빗방울 실로폰을 디자인 공모전에 출품했다. 해당 디자인 공모전은 실제 생산을 목표로 한 국제 디자인 공모전이었는데 놀랍게도 당선의 영예를 안았다. 그뿐 아니라 미국 디자인 잡지에까지 소개되는 뜻깊은 기회도 주어졌다.

내가 만약 빗방울에 관한 부정적인 시각에 막연히 머물러 있었다면, 과연 이러한 디자인을 할 수 있었을까?

이 디자인이 가능했던 이유는 내 안의 부정적인 생각을 다시 바라보았기 때문이다. 그 과정에서 나는 주변 지인들의 다른 시선을 비판 없이 받아들였고, 그들의 다양한 생각들이 내 안에서 씨앗이 돼 자랐다. 그렇게 피어난 결실이 바로 '빗방울 실로폰'이었다.

빗방울은 하늘이 연주하는 음악이라던 의견을 받아들인 덕분에 소리에 집중해 볼 수 있었고, 생명의 시작이라는 말을 떠올리며 비가 오지 않는 날에는 이 빗방울 실로폰을 작은 화분으로도 쓸 수 있다는 생각을 할 수 있었다.

싫다는 감정을 바꾸는 순간, 내가 그동안 보지 못했던 수많은 다른 생각들을 이해할 수 있다. 너무 무비판적으로 수용하는 것처럼 보일 수도 있겠지만, 창의적 사고를 위해서는 여러 다른 생각들과 시선들을 이해하기 위해 노력해 볼 필요가 있다.

'싫다'는 감정을 나쁘다고만 할 수는 없다. 그 또한 개인의 자연스러운 의사 표현이자, 때로는 그 사람만의 개성이기도 하다. 그러나 '싫음'을 '좋음'으로 바꿔 바라볼 때, 우리 시야는 훨씬 넓어진다. 개성은 소중하지만, 우리의 개성은 매 순간 변화한다. 그렇기에 싫음에 매달리기보다, 그 감정에 집중하고 스스로 변화를 시도해 보는 것도 의미 있지 않을까.

이후로도 나의 고정된 부정적인 사고를 변화하기 위한 노력은 계속되고 있다. 때론 작품 속에서, 때론 나의 짧은 글 속에서, 때론 내 그림 속에서, 때론 건축 속에서…….

짜증나는 빗방울 소리를 바꿔 보려는 작은 노력은 이렇게 내게 디자이너라는 새로운 타이틀을 안겨 줬다.

둘,
낯선 감각의 기록

낯선 사람과 대화하기

다름과 대화할 용기

한국 사회에서 '왕따(집단 따돌림)' 문제가 점점 심화하고 있는 것 같아 마음이 좀 아프다. 모 고등학교에서 창의성 관련 강연을 하며 언급했던 것 중 하나도 왕따에 관한 것이었다. 왕따와 창의성이 무슨 관계냐? 하는 의구심이 들 것이다. 왕따는 사회 문제이고, 창의성은 개인 문제이기 때문에 전혀 별개의 이야기로 보일 수도 있다. 그러나 사실 이 둘은 밀접한 관계가 있다.

AI가 모든 산업을 점령할 준비를 하는 요즘, 창의력은 누구나 갖고 싶어 하는 능력이자 사회를 살아가는 강력한 힘이다. 창의력은 개인적인 노력의 산물일까? 아니면 타고 난 결과일까? 꽤 오랫동안 창의적인 사람들과 그렇지 않은 사람들을 만나면서 그들 사이의 큰 차이점을 발견할 수 있었다. 바로 나와는 다른 사람들에 대한 이해력이다.

모두 그렇다고 할 수는 없지만 왕따 피해자들 중 다수는 사회성이 부족하거나 남들과 다른 면을 갖고 있다. 왕따는 그 다름을 인정하지 못하는 가해자로부터 생겨난다. 우리 사회의 문제점을 보여 주는 단적인 예다. 가해자들의 행동은 자신이 인식하지 못하는 사이에 '다르게 생각하는 힘'을 죽이는 것과 같다. 그들은 선입견이라는 틀로 생각하는 힘을 깎아 버리고 있다.

나와 성향이 다른 사람들과의 소통과 그들에 대한 이해는 내 생각의 틀을 넓혀 주는 것이기도 하다. 그런데 왜 자신의 머릿속을 칼로 난도질하는 건지 정말 안타깝다. 창의력 없는 사람들의 특징이 바로 누군가를 미워하는 마음은 크고, 이해심은 부족한 것이다.

사람을 미워하지 말자. 미워하는 마음은 내 안의 모든 생각들을 몰아내고 주인 행세를 한다. 창의적인 생각도, 아름다운 생각도 모두 멈춰 버린다. 미워하는 마음이 지나간 자리에는 미움이라는 틀이 남아서 언제든 미워할 사람을 찾아 헤매게 만든다. 나는 아니라고? 누굴 괴롭히거나 미워하는 마음으로 스트레스가 해소된 적이 있다면, 내 안에 미움의 틀이 있는 건 아닌지 마음을 점검해 볼 필요가 있다. 미워하는 마음을 몰아냈다 하더라도 꽤 오랫동안 미움이 마음속에 머물렀다면 미움의 틀은 더욱 견고해져서 부수기 어렵고, 이 틀이 내 절대적 판단 기준이 돼 버려서 나와 다른 사람을 인정하지 못하게 만들고 쉽게 부정하게 된다. 미움에 익숙해지면 더 이상 내 안에 창의성이 있을 자리는 없다.

어른이 될수록 창의성이 줄어드는 게 아니라, 미움이 자꾸 쌓여서 새로운 생각을 받아들이지 못해 버리는 건 아닐까? 미워하는 사람들, 싫어하는 기준들이 늘어나 다르게 생각하는 힘이 작아지는 게 아닐까? 혹시 지금 누군가를 미워하고 있다면 당신의 창의성이 죽어 가는 중이라고 할 수 있다. 일단 죽어 가는 창의성을 살리는 건 응급실에서 심장이 멈춘 사람을 살리는 것만큼이나 어려운 일이다.

나와 다른 누군가와의 대화는 때때로 엄청난 영감을 준다. 개인이 가진 창의력에는 한계가 있다. 아무리 지금 대단하고 새로운 생각들이 쏟아져 나온다 하더라도 우물의 물이 마르듯 언젠가는 바닥이 드러나게 된다. 마음속 우물에 창의적인 생각을 가득 채우고 싶다면 나와 성향이 다른 사람들과 적극적으로 소통해야 한다. 내가 이런 이야기를 하자 듣고 있던 지인이 물었다.

"나는 소통을 하는 사람들이 참 많아요. 셀 수 없을 만큼 많죠. 그런데 새로운 생각을 하는 데 별로 도움되는 것 같진 않아요."

"사람들과 대화하는 데 어려움은 없나요?"

"그럼요. 다들 대화가 참 잘 통하는 분들인 걸요."

"아, 그게 문제였네요. 창의적인 생각을 키우기 위해서는 나와 전혀 다른 사람과 대화하는 게 좋아요. 전혀 다르다는 건 생활 방식, 사고, 말투 등 많은 부분이 다른 사람을 말해요. 이 경우 대화가 쉬울 수가 없습니다."

아무리 봐도 이해하기 힘든 상대를 이해해 보려는 노력은 내가 경험해 본 적 없는 다른 사고를 알아 가는 기회가 되며, 이를 통해 생각의 범위를 확장시킬 수 있다. 예를 들어, 앞에서 언급한 빗방울에 관한 생각들을 다양한 분야의 지인들에게 물어본 것도 그런 이유였다. 모두 나와는 다른 사고를 하는 분들이었고, 이런 점이 나에게 많은 영감과 도움을 줬다. 나 또한 그분들께 영감을 드리기 위해 노력하고 있다. 이것이 진정한 소통이다. 나와 다른 사고를 가진 사람과의 대화는 논쟁을 야기할 수도 있다. 그러나 논쟁을 잠시 접어 두고, 내 주장을 잠시 접어 두고, 한마디 한마디 귀 기울이고 이해해 보자. 한 인간이 평생 살아도 미처 경험해 보지 못한 것들이 얼마나 많은가? 내가 경험해 보지 못한 이야기들과, 여태 해 본 적 없는 생각들을 알게 되는 멋진 기회가 아닌가? 그래서 나와 다른 사람들과의 만남은 언제나 나를 즐겁게 한다. 나이와 성별, 직업을 뛰어넘어 한 인간의 삶이 담긴 진심의 대화는 나를 풍요롭게 한다.

노숙인에게 듣는 파리 예술

하루는 친구와 파리 거리를 거닐며 이야기를 나누고 있었다. 그때였다! 어디선가 나를 부르는 소리가 들렸다. 누군가 싶어 뒤를 돌아보니 이웃이었다. 반갑게 인사하고 짧게 몇 마디 이야기를 하고는 다시 친구와 길을 걸었다. 친구가 놀란 표정으로 물었다.

"너 저 사람 어떻게 알아?"

"아, 우리 아파트 앞에 사시는 분이야. 왜?"

"야! 저 사람 거지잖아……."

"응 알아. 우리 아파트 입구에 앉아 계시지. 아침저녁으로."

친구는 갑자기 웃음을 터뜨렸다. 내가 노숙인과 인사를 하며 안부를 묻는 것도 재미있지만, 시내 한가운데서 반갑게 인사하는 게 좀 이해가 안 된다는 표정을 지었다. 하지만 자초지종을 들은 뒤에는 곧 나를 이해했다.

그 노숙인과는 종종 프랑스 문화와 예술에 관해 이야기를 나눈다. 처음 이 노숙인을 만났을 때는 그냥 동정심에 와인 한 병을 사 드렸다. 그랬더니 고맙다며 그가 몇 마디를 던졌고, 나도 종종 볼 때마다 짧게나마 이야기를 나눴다. 가끔 재미있는 이야기를 해 줄 때면 쭈구리고 앉아 가만히 듣기도 했다. 집 없이 파리 시내 곳곳을 돌아다니는 그의 이야기가 생각보다 깊이 있어서 깜짝 놀란 적이 한두 번이 아니다. 역시 겉모습만으로 사람을 판단할 수 없구나,라고 생각했다.

어느 날 그의 말이 내 발걸음을 붙잡았다.

"파리에 진짜 예술품이 뭔지 알아요?"

"네? 진짜 예술품이요? 파리가 그 자체로 예술품이죠. 안 그래요?"

"아니, 파리 안에 진짜 값진 예술품이 있어요. 뭔지 알아요?"

"뭔데요?"

"파리 곳곳에 그려진 벽화나 땅에 그려진 그림들이에요. 나같이 돈이 없어서 아름다운 예술품을 볼 수 없는 사람들에게는 언제나 열려 있는 미술관이죠. 주변을 돌아다니면서 벽에 그려진 그림을 잘 봐 봐요. 가끔 유명 화가의 서명까지 있거든……. 미술관에서도 보기 힘든 작가의 작품들도 있어요. 아! 퐁피두센터 광장에 굉장히 재미있는 바닥 그림을 그리는 작가가 있는데 꼭 한 번 가서 봐요. 정말 멋졌어요. 그 작가랑 대화해 봐요. 진짜 재미있어요.”

이 말을 들은 뒤부터 살짝 위를 쳐다보며 걷는 습관이 생겼다. 도시 곳곳에 유쾌하고도 재미있는 예술 작품들이 있다던 그의 말이 맞았다. 가끔은 웃음이 터져 나오기도 하는 모두를 위한 예술 작품들이 곳곳에 숨어 있었다. 그와의 대화가 없었다면, 나는 파리의 숨은 보석을 못 보고 지나쳤을지도 모를 일이다. 고마운 마음에 와인 한 병을 선물했다.

그가 이야기해 준 대로 퐁피두센터 앞을 지나다가 정말 땅에 그림을 그리고 있는 예술가를 만났다. 호기심이 생겼다. 왜 땅에 그림을 그리는지 궁금했다. 파리 도심 속 간간이 볼 수 있는 땅바닥에 그림을 그리는 화가. 이 그림은 비가 오고, 시간이 지나면 사라진다. 그림을 누구에게 팔 수도 없다. 그래서 물었다.

"당신 그림이 꽤 마음에 들어요. 그런데 왜 바닥에 그림을 그리세요? 바닥에 그리면, 당신 그림은 결국 없어지잖아요. 애써 그린 그림을 왜 버리게 두나요?"

"캔버스는 너무 비싸고, 너무 작아요. 내 그림을 담기에는요. 그래서 땅을 선택했어요. 내 그림이 좋으면, 감상한 대가로 몇 푼 받긴 해요. 그걸로 물감도 사고, 밥도 먹죠. 그걸로 충분해요."

그에게는 세상이 도화지였다. 그래, 세상에서 가장 크고 순수한 도화지…… 땅!

어릴 적 우리는 종이를 접하기 전에 먼저 땅에 금을 그으며 뭔가 쓰고, 또 그렸다. 분필 하나만 있으면, 모든 동심이 땅 위에 그려졌다. 후에 조금씩 바람과 빗물에 씻겨 지워지고 나면 새로운 동심을 기다리는 새 땅도화지가 만들어졌다.

길거리 남루한 차림의 화가에게서 틀이 없는 순수한 예술혼을 봤다. 가슴 짠해지는 순간이었다.

대안 없는 비판 금지

소통을 할 때 상대를 이해하고 온전히 느끼는 건 꼭 필요하지만, 내 의견을 피력해야 하는 경우도 직면하게 된다.

"이 제안, 어떻게 생각하세요?"

제안의 논리가 명확하고, 뚜렷한 반박 근거는 찾을 수 없지만 왠지 마음에 들지 않을 때가 있다. 그냥 내 스타일이 아닐 때다. 그럴 때는 절대 비판해서는 안 된다. 다른 대안 없이 비판만 하는 건 논리적 근거가 있다고 하더라도 탁상공론에 불과하다. 상대방의 의견에 동의할 수 없다면, 근거와 함께 다른 대안을 제시할 수 있어야 한다. 이게 생산적인 비판 방법이다.

팀 작업을 할 때였다. 대안은 내놓지도 않고 비판만 하는 팀원이 있었다. 그는 계속해서 여러 대안들을 비판했는데 말뿐이었다. 그런 태도는 팀 전체 분위기를 해치고 프로젝트 진행을 저해한다. 세 치 혀로 비판의 목소리를 내는 건 쉽지만, 대안을 만드는 건 쉬운 일이 아니다. 입으로는 무슨 말을 못 할까? 오히려 자신의 생각과 다른 상대방의 대안을 함께 발전시켜 본다면, 다른 시선을 느낄 수 있는 좋은 기회가 될 것이다. 초기 대안은 언제나 문제점을 안고 있다. 그러나 그 문제점이 해결 가능한 것인지 아닌지는 진행을 해 봐야만 알 수 있는 경우가 많다.

파리에서 건축 프로젝트를 진행할 때의 일이다. 오랜 경력의 건축가 동료, 파블로가 설계 초안 콘셉트를 제시했다. 말도 조리 있게 잘하는 그는 콘셉트를 명확하게 설명했다. 건축 형태가 약간 모호한 듯했지만, 그게 무엇 때문인지 확실히 알 수 없었다. 조금 생각할 시간이 필요했다. 그때 한 팀원이 말했다.

"너무 모호해서 이상한 것 같은데, 좀 불균형적 형태이기도 하고, 난 마음에 안 들어."

"구체적으로 어떤 부분이 마음에 안 드는데? 어디가 모호해 보여?"

"음, 대체적으로 그런 것 같은데."

이런 식의 비판이 무용지물이란 것이다. 파블로의 디자인이 마음에 들지 않는다고 비판을 시작한 이 팀원은 어떤 대안도 가지고 있지 않았다. 결국 프로젝트를 진행하는 데 전혀 도움이 되지 않았다. 반면 다른 팀원은 이렇게 말했다.

"왼쪽 모서리 부분이 너무 강조돼서 건물의 무게중심이 한쪽으로 치우치는 듯한 느낌을 주는 것 같아. 모서리를 둥글게 처리해 보면 어떨까? 그럼 전체적인 조형감이 더 좋아질 것 같은데."

이게 진짜 비판이다. 구체적으로 어떤 부분을 고치는 게 좋을지 대안을 제시하고, 그 이유에 관해서도 정확하게 언급했다.

뚜렷한 대안 없이 하는 비판은 투정이나 상대방에 대한 비난이며, 비겁한 처사다. 각자 구체적인 대안을 갖고 시작하는 비판 토론 끝에는 항상 좋은 해결책이 나오기 마련이다. 그러나 대안 없이 시작된 토론에서는 말만 남게 된다.

낯선 것은 조금 불편하다. 하지만 그 불편을 감수할 용기만 있으면 성장할 수 있다. 나와 전혀 다른 사람, 전혀 다른 생각을 만났을 때 무조건 거부하지 말고 이해할 방법을 강구해 보자. 영영 이해하지 못하더라도 그 노력의 과정에 성장은 반드시 있다.

세상 논리에 반대하기

현대의 우리는 인터넷과 스마트폰 등을 통해 엄청나게 방대한 정보에 노출돼 살아가고 있다. 이 엄청난 정보는 우리 실생활에 이롭기도 하고, 무한한 가능성을 보여 주기도 한다. 특히 요즘 AI는 상상을 초월한다. 비판적으로 수용할 시간도 주지 않은 채 정보는 쏟아지는데 우리는 이런 엄청난 정보를 소화할 능력이 부족하다. 신속성이 생명인 미디어는 우리가 미처 생각해 보기도 전에 결론을 제공한다. 우리에게 주어지는 건 믿을 것인가? 믿지 않을 것인가? 이에 대한 선택뿐이다.

컴퓨터와 스마트폰을 끈 채 가만히 앉아 사색에 잠겨 보자. 10분도 되지 않아 불안해졌다면, 과도한 정보에 중독돼 생각하는 힘을 잃어 가는 중일지도 모른다. 창의적 사고는 사색과 상상 속에서 이뤄진다. 그런데 요즘은 사색하는 시간을 어색한 시간 혹은 낭비되는 시간이라고 여기는 사람들이 많은 것 같다. "일이 바쁘고 잠잘 시간도 부족한데 사색이라니…… 세상이 너무 빨리 돌아가 어쩔 수 없는 경쟁 사회에 사색이라니…… 도태될 뿐이야!"

라고 사람들은 말한다.

달리는 차창 너머로 세상이 빠르게 지나간다. 그러나 조금 느리게 갈 수 있다면, 그 느림 속에서 들꽃의 아름다움과 작은 동물들의 삶이 보일 것이다. 언제나 느려야 한다는 건 아니다. 적어도 차를 타고 빠르게 달리다가도 잠시 내려 숨을 돌릴 정도의 여유는 필요하다. 다시 차를 타고 빨리 달리더라도, 우리 눈에는 느림 속에서 본 아름다움이 남는다. 빠르게만 달려온 사람들은 보지 못한 감춰진 풍경이 마음속에 그려진다. 조금 천천히 걸으며 여유를 부릴 수 있다면 새로운 생각들이 피어날 것이다. 그것을 우리는 독창적인 창의성이라 부른다. 모두가 옳다고 믿던 바쁜 현대 사회에서 여유를 경험해 보자. 초고속 디지털 시대에 잠시의 여유는 색다른 생각을 꽃피우는 방법이다.

인터넷이 발달한 시대를 살고 있는 우리는 세상의 논리에 반대하기가 더 어렵다. 인터넷을 사용하는 시간이 늘면 늘수록 생각은 이상하리만큼 원초적이고 단순해진다. 아이디어를 구체화할 자료를 검색하는 것임에도 불구하고 그렇다. 자극적인 이미지와 화려한 영상들은 심지어 내가 왜 인터넷을 하고 있었는지조차 잊게 만들 정도다.

실제로 일어난 어떤 사건에 관한 글이 인터넷에 올라오면 호기심에 읽기 시작한다. 다 읽고 그 사건에 관한 내 생각을 정리해 보기도 전에 인터넷에는 이미 또 다른 사실들, 가치 판단이 완료된 글들로 도배가 된다. 그럼 우리는 가치 판단은 차치하고, 사실 여부도 확인하지 못한 채 도배된 또 다른 글들을 통해 사건을 해석한다. 많은 사람들이 이 글들을 읽으며 떠올리는 생각을 자신의 판단이라고 착각하지만 그런 글들 안에는 이미 의도된 뉘앙스가 반영돼 있다.

창의적 아이디어는 생각의 시작이 중요하다. 모두가 맞다고 생각하는 세상의 논리에 근본적인 질문을 던져 보는 것이야말로 새로운 아이디어의 시작이다. 그러나 현대 사회에서는 이것 자체가 쉽지 않다. 뭔가 새로운 것을 생각하기도 전에, 누가 한 말을 인용하고, 남의 것을 내 것마냥 복사하고, 때로는 내 것이 아님에도 불구하고 내 것처럼 세상에 내놓기도 한다.

사회에는 일반화한 공식, 공식적인 답이 있다.

'열심히 공부해 대학교에 들어가고, 스펙을 잘 쌓아 대기업에 취직하고, 높은 연봉을 받는다. 이후엔 결혼하고, 집을 사고, 자식을 키우고, 퇴직 후 삶을 걱정하며 이것저것 해 보고 또 알아보다가 안정적인 노후를 맞이한다.'

재미있는 것은 이 공식에 자신을 대입하기 위해서는 엄청난 경쟁을 뚫고 살아남아야 한다는 사실이다. 마치 일반적인 삶의 궤적으로 보이지만 실은 특수한 공식과 답이다. 그러다 보니 이 공식에 대입해 비교하면 내 삶과는 상당한 거리가 있다. 자신만의 답을 찾기 위해서는 자신만의 공식을 만들어야 한다. 세상이 만들어 준 공식은 마치 모든 것이 보장되고 검증이 끝난 공식처럼 보이고, 개인이 만든 공식은 불안하고 검증이 안 된 것으로 보인다. 하지만 모든 공식은 검증되기 전까지는 불안정하다. 자신만의 공식을 풀어 간다면, 언젠가 그 공식은 검증될 테고 완전해질 것이다. 혼자 풀어야 한다는 외로움에 처할 수 있지만 모두가 알던 사회적 공식보다 경쟁은 줄어들고, 누구도 오르지 않은 정상에 오를 수 있다.

그러기 위해서는 강인한 용기와 귀마개가 필요하다. 웬 귀마개냐고? 주변의 말에 현혹되지 않기 위해서다. "잘못된 길이야! 돌아와."라는 사람들의 이야기는 매 순간 나를 흔든다. 그럴 땐 귀마개를 끼고 전진해야 한다.

살면서 우리는 매번 새로운 유혹에 빠져든다. 미디어, 인터넷, SNS……. 그러나 왜 그걸 좋아하고, 거기에 빠져 시간을 보내는지 스스로에게 묻는 사람은 많지 않다. 당신이 지금 무언가에 빠져 있다면, 문제라고 생각하기 전에 자신을 돌아볼 좋은 기회를 얻었다고 생각해 보라. 오히려 아무것에도 빠져 있지 않은 사람이 더 위험하다. 뭔가에 빠져 있다는 건 최소한 자기 삶의 의미를 찾고 있다는 것이다. 그런데 그조차 없다는 건 삶이 즐겁지 않고 괴롭다는 의미다. 그러니 사소하더라도 자신의 관심사에 대해 스스로에게 진지하게 물어보자. 그리고 기록해 보자.

'좋아하는 걸 하지 마라'가 아닌, 왜 그것을 좋아하는지에 대한 질문에서 비로소 나를 찾을 수 있다. 그래서 나는 나를 관찰하고, 기록해 보기로 했다. 그리고 그 기록을 통해 나는 세상 논리에 반대하기로 결심했다.

꼭 내가 한 것과 똑같이 하라는 게 아니다. 단지 세상의 정답이 아닌 나만의 해답을 찾으라는 것이다.

건축에 있어서도 나는 나만의 해답을 찾기 위해 노력한다. 그 중 하나가 효율보다 기억을 선택하는 것이다. 현대의 많은 건축물은 자본과 기능 그리고 효율의 논리로 지어지는 추세다. 물론 이것을 뛰어넘는 건축물도 있다. 하지만 시장 논리로 본다면, 역시 기능과 효율이 가장 큰 이슈다. 클라이언트가 건물 설계를 의뢰할 때 가장 자주 하는 질문이 있다.

"설계비는 얼마일까요?"

"공사비는 어느 정도 될까요?"

"이 대지에 법적 최대 면적은 얼마나 될까요?"

모두 기능과 효율 그리고 자본에 관한 질문이다. 그럴 때 나는 이렇게 답한다.

"아직 설계를 진행하지 않아 알 수는 없습니다. 그런데 왜 건축을 하려는 건가요?"

그러면 클라이언트들은 대체로 살짝 당황한다.

하루는 식당을 지어 달라는 의뢰를 받았다.

"용인에 식당을 짓고 싶습니다. 비용이 얼마나 들까요? 설계비와 공사비에 대해 개략적으로라도 알고 싶습니다."

"어떤 설계인지 어떤 품질인지 모르면 말씀드리기가 어렵습니다. 그보다 왜 식당을 지으려고 하시는 건가요?"

"아버지가 평생 지방에서 식당을 운영하셨어요. 저는 직장이 용인이라 용인에 살고요. 이제 아버지 연세가 많다 보니 용인으로 모시려고 하는데 용인에서 식당을 하고 싶다고 하셔서요."

이야기를 듣자마자 효심 깊은 아들이란 생각이 들었다. 그래서 이어 물었다.

"아버님께 헌정하는 식당인 거네요."

"네, 맞아요. 존경하는 아버지께 드리는 식당이죠. 사실은 식당 그만하시고 쉬시면 좋겠는데 그게 안 된다고 하시니…… 어쩔수 없죠."

"아버님은 어떤 분이세요?"

"평생 식당을 운영하며 동네 가난한 아이들을 무료로 먹이셨어요. 그리고 집안 형편이 어려운 아이들에게는 장학금까지 주셨죠."

그의 이야기를 통해 아버지를 향한 아들의 사랑을 깊이 느낄 수 있었다. 그래서 그에게 일반적으로 우리가 알고 있는 식당과는 다른 아버지의 삶을 전시한 전시관과 식당을 하나로 만들어 보면 어떻겠느냐고 제안했다.

우리는 '존경하는 아버지의 삶과 정신을 담은 식당'이라는 주제로 프로젝트를 시작했다. 식당이라는 단순한 기능을 넘어 아버지와 아들의 기억을 담는 프로젝트였다. 효율보다는 기억을 선택한 것이었다.

이런 선택을 할 수 있게 된 계기는 사실 오래전에 적어 놓은 기록이 시작점이었다.

2002. 4. 8.

건물은 사랑을 담을수 없을까?
건물에도 감정이 표현될까?
건물에도 표정이 있을수 없을까?

건물이 사람을 닮는다는 건 결국 '사람의 기억'을 건물에 입히는 것으로 발전하게 된다. 그리고 이 기록에 대해 여러 번의 수정과 변화를 노트에 남겼다. 예상 외로 생각의 발전이 더디게 이뤄졌다. 질문을 기록한다고 해서 결과를 빠르게 얻을 수 있는 건 아니다. 하지만 정체되지도 않는다. 천천히 사고실험처럼 발전돼 간다. 건축을 하는 많은 사람들이 모두 형태와 기능 그리고 효율성을 이야기할 때, 나만 혼자 사회와 반대되는 생각을 노트에 적어 두고 천천히 발전시켜 갔다.

첫 기록을 적은 지 2년이 지난 뒤에도 나는 여전히 방향을 찾지 못했다. 사람을 닮은 건축이 가능할지에 관한 대답에 그저 사람을 인위적으로 담을 생각만 했다. 그러나 이 또한 질문에 천천히 다가가는 과정이라고 생각한다. 어려운 질문에 바보 같은 답변을 해 보는 건 실패가 아니다. 다양한 생각으로 질문에 다가가는 과정일 뿐이다.

이후 첫 기록을 적은 지 5년이 지났을 즈음 이 질문은 인간을 복제해 건축에 넣는 이상하고 어리석은 사고로 발전하고 있었다.

2004. 9. 1

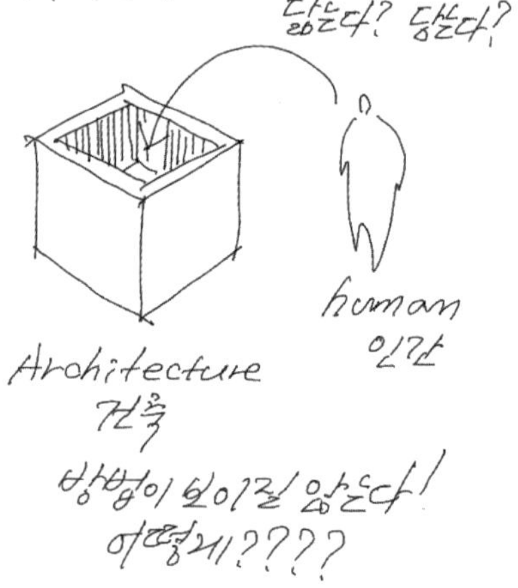

2007. 4. 12

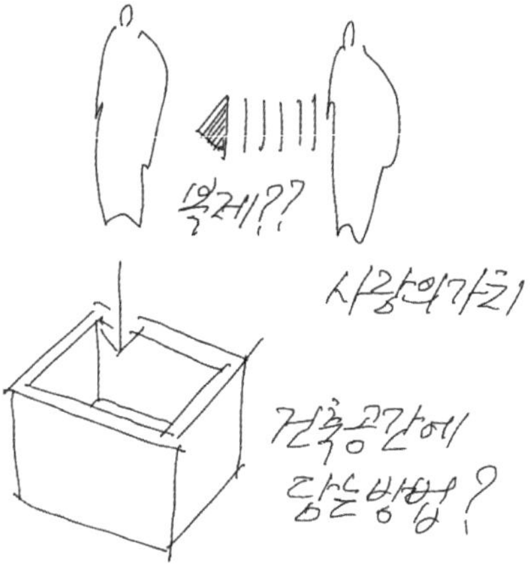

질문을 노트에 기록하고 사고실험을 시작한 지 6년쯤 지난 어느 날이었다. 오랫동안 친하게 지냈던 쌍둥이 친구를 만났다. 고등학교 때는 너무 비슷해서 친한 친구들만 이 둘을 구별할 수 있었다. 고등학교 졸업 이후 오랫동안 그들을 보지 못했는데 우연히 모임에서 만난 것이다. 그들과 대화를 나누면서 그들이 서로 얼굴만 닮았을 뿐, 가치관과 성격은 차이가 크다는 걸 알 수 있었다. 무엇이 이 차이를 만든 건지 궁금해지기 시작했다. 그들의 차이를 밝혀 내면 인간의 가치관 형성에 어떤 요인이 중요한지 알 수 있을 것만 같았다. 그들에게 이것저것 물어봄으로써 그 차이가 어디서 발생했는지 알게 됐다.

삶의 경험 차이였다. 같은 경험을 한 두 사람이 있다고 가정해 보자. 그중 한 명은 경험을 그냥 흘려 보냈고, 다른 한 명은 경험을 머릿속에 각인시켰다. 결국 경험 여부가 아니라, 선택된 경험이 쌍둥이의 가치관 차이를 만들어 냈다. 선택된 경험이 바로 '기억'이었다.

2008. 3. 2.

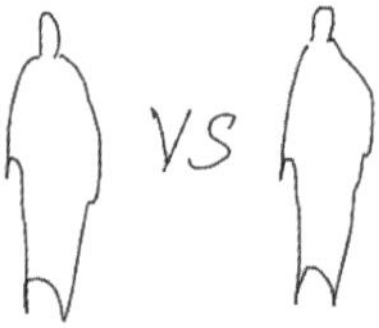

쌍둥이의 차이를 알아내면,
인간의 가치를 알아 낼수
있을까?

DNA 99.9% 일치

그러나 가치관이 다름

↓

왜? 경험이 달라서...
어떤경험은 그냥 잊혀지는데...
어떤 경험은 평생각인됨...

"선택된 경험???"

→ "기억"

기억이 사람의 가치관을 결정하고
구분시키는 근거다!

《기억을 담으면 인간을 닮은 건축이
된다!》

친구들과의 대화를 노트에 적다가 문득 생각했다.

'사람을 닮은 건축이란 결국 기억을 공간으로 만드는 것일지 모른다.'

내가 지인들에게 기록을 꺼내서 보여 주면 그들은 항상 어떻게 이렇게 집요하게 고민을 이어 가는지 궁금해했다. 사실 일부러 집요하게 고민을 이어 간 적은 거의 없다. 그저 노트에 질문을 적었다. 그리고 잊어버린다. 그러다 우연히 노트를 다시 집어들어 읽어 보다가 예전의 생각 옆에 지금의 생각을 덧입혀 적을 뿐이다. 그러다 보니 몇 년이 걸리는 사고실험이라도 스트레스는 없다. 그저 노트에 적어 두고 발효시키면 되니까. 이렇게 기록해 두면 언젠가 다시 생각의 꼬리를 물고 발전시킬 기회를 얻을 수 있다. 하지만 기록해 두지 않는다면 그 생각은 그대로 사라진다. 나는 결국 사라지지 않게 저축하듯 그저 노트에 적었을 뿐이다.

다시 식당 건축 이야기로 돌아와 보자. 그렇게 나는 아버지의 기억을 담은 식당을 만들 계획을 세웠다. 건축은 혼자 할 수 있는 일이 아니다. 팀원들이 함께 만들어 가는 복잡한 과정이다. 팀원들에게 '사람의 기억을 담은 건축'이라는 주제를 설명했고, 고민 끝에 재미난 생각에 이르렀다.

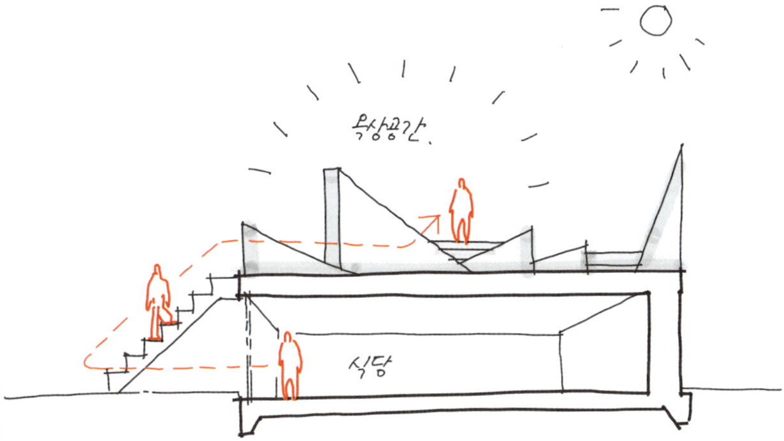

옥상공간
식당

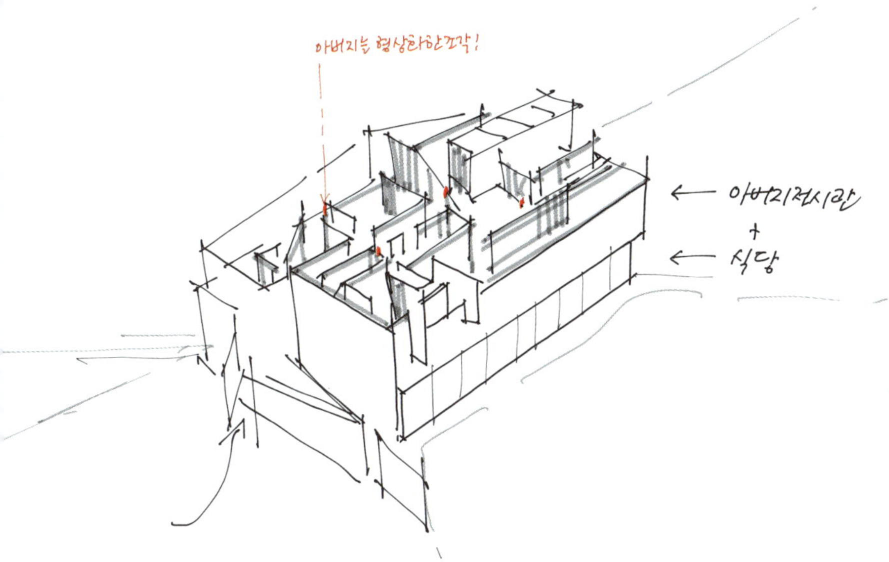

아버지를 형상화한 조각!
아버지전시관
+
식당

1층에는 식당, 2층에는 아버지의 기억과 인생이 담긴 야외 전시관을 만드는 것이었다. 식당이면 식당이지, 무슨 옥상에 야외 전시관을 만드냐고 비판하는 사람도 적지 않았다. 하지만 난 사회의 기대와 반대로 움직이는 것에 주저하지 않았다. 도대체 무슨 전시를 할 것이냐고 묻는 사람들도 있었다. 이에 대한 답은 옥상 전시관 중 하나를 설명하는 것으로 대신하려 한다.

의뢰인의 아버님을 이해하기 위해서 인터뷰를 진행했다. 수많은 이야기들이 오갔고 깊은 영감을 얻을 수 있었다. 의뢰인의 아버지는 자식을 이렇게 표현했다.

"내 자식은 내 인생에서 가장 찬란한 빛입니다."

아버지로서의 인생을 살고 있으면서도 아들에 대한 깊은 유대감이 느껴졌다. 그리고 그의 눈에는 행복이 서려 있었다. 그래서 우리는 아버지의 기억과 가치관을 건축 공간으로 만들어 보기로 했다. 함께 작업하는 일이 많은 옴므가 좋은 제안을 했다. 프랑스 베르사유미술대학의 교수이자, 우리 회사와 파트너십을 맺고 있는 그는 젓가락과 숫가락을 모티브로 평생 식당을 해 온 아버지의 조각상을 만든 적이 있는 사람이었다. 그도 기록을 하는 사람이다. 그의 목에는 항상 손바닥만 한 작은 노트를 매단 목걸이가 걸려 있다.

'내 자식은 내 인생에서 가장 찬란한 빛입니다.'라는 말을 그에게 전달했다. 내 예상이 맞다면 그는 분명 자신이 기록해 온 노트를 뒤적이며 방법을 찾아낼 것이다. 며칠 후 그가 스케치 한 장을 건네며 말했다.

"아버지 조형물 위에 조명이 있는데 그 조명은 조형물을 비추지 않고 대신 여기 맞은편 빈자리, 즉 아들의 자리를 비추는 거야."

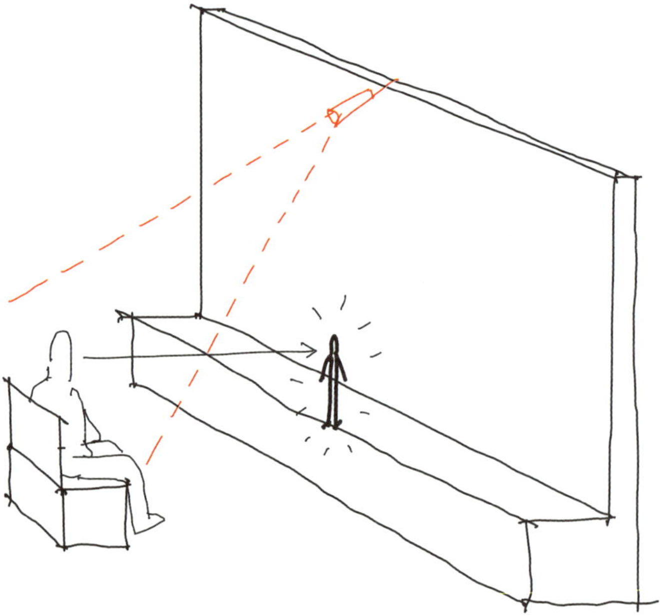

이를 본 의뢰인과 아버지는 모두 눈물을 흘렸다. 아버지의 눈물은 아들의 존재를 표현하는 방식에 대한 감사에서, 의뢰인의 눈물은 아버지의 깊은 뜻을 이해해 감동 받아 흘리는 것이었다.

처음 옴므를 만났을 때 왜 기록을 하는지 물었다. 그는 말했다.

"일상의 모든 순간이 깊은 사유인데 그걸 어떻게 기록하지 않을 수 있겠어."

우리는 사회에서 이야기하는 정답과는 다른 방향으로 나아간 덕분에 새로운 결실을 얻게 됐다. 이는 기록을 통한 오랜 고민이 있었기에 가능한 결과였다.

내 안에서 답 찾기

프랑스 유학을 떠났을 때 언어 문제가 조금 해결되고 나니 그때부터 생각지 못했던 또 다른 시련이 다가왔다. 한국의 교육 방식과 프랑스 교육 방식 사이의 엄청난 차이 때문이었다. 학교마다 다를 수 있지만, 프랑스 건축대학에서는 두 명의 교수와 10여 명의 학생들이 한 그룹을 이룬다. 그리고 건축 교육에서는 정기적으로 외부 인사들을 초청해 객관적인 평가를 받도록 했는데 다양성을 전제로 학생 개개인의 선택을 중요시했다.

하루는 브리깃 코스미Brigit de Kosmi 교수님께서 내 건축 개념에 대해 비판했다. 그런데 한 주 후, 이번에는 또 다른 기준과 방식으로 비판을 하는 것이 아닌가? 알랭 교수님 역시 매주 다른 기준으로 내 프로젝트를 비판했다. 가만히 듣고 있자니 화가 났다. 그래서 대체 왜 그렇게 말을 바꾸시는 건지 물었다. 비평이라 하면 정확한 기준을 가지고 있어야 하는 게 아닌가? 이렇게 해도, 저렇게 해도 비평하는 건 더 이상 비평이 아니라 의미 없는 막말이나 비난이라 생각했다.

"교수님들, 도대체 원하시는 게 뭔가요? 한 가지 기준으로 비평을 해 주셔야 저도 이해를 하죠."

그러자 교수님들은 당황한 얼굴로 이렇게 말했다.

"이건 당신의 프로젝트입니다. 우리의 역할은 다양한 견해와 관점을 제공하는 거고 그 해답은 희성 씨가 찾아서 결정하는 거죠. 이건 우리 프로젝트가 아니니까요."

처음에는 '이게 무슨 핑계 아닌 핑계인가' 생각했다. 교수님들의 해명을 들어도 화는 풀리지 않았다. 건축적으로 깊이 있는 이야기를 해 주는 것도 아니고 매번 다른 기준으로 비판만 했는데 어떻게 이해가 될까? 당시에는 교수님들의 기억력이 나쁜 건 아닌지, 그냥 즉흥적으로 비판하는 건 아닌지 의심했다. 나뿐만 아니라 대부분의 학생들이 교수님들의 매번 달라지는 비판 기준에 갈 길을 잃어 가고 있었다.

나는 오기가 생겨서 내 주장을 그대로 밀고 나가야겠다고 생각했다. 물론 다양한 비판 기준에 대해 반박할 만한 논리를 만들면서 프로젝트를 진행했다. 교수님들의 비판에 하나하나 반박하기 위해 더 많은 연구를 해야 했고 고민하는 시간이 많아졌다. 때론 수긍할 수밖에 없는 지적도 있었는데 그런 사항들은 긍정적으로 받아들였다. 수업이 끝나면 친구들과 짬을 내 토론도 했다. 이런 과정 덕분에 나는 졸업 작품 발표회에서 여덟 명의 각기 다른 분야의 심사위원들(건축가, 도시계획가, 정치인, 건축공무원, 디자이너, 아티스트 등)이 던지는 질문에 모두 완벽하게 답할 수 있었다. 이미 오래전부터 다양하게 고민해 온 덕분이었다. 교수님들의 다양한 비평은 나에게 여러 시각을 갖게 해 주었고 더욱 깊이 고민할 수 있게 해 주었다. 그 고민 속에서 스스로 답을 찾기 위해 노력하는 과정에서 나는 생각보다 많이 성장해 있었다. 그리고 이는 내가 그동안 노트에 기록해 온 방법과 다르지 않다는 사실을 깨달았다.

졸업 작품 발표회 후 나는 그 영광을 교수님들께 돌렸다. 그러자 그분들은 생각지도 못한 반응으로 나를 새삼 놀라게 했다.

"감사합니다. 모두 교수님들의 조언 덕분입니다."

"오, 아닙니다. 이건 희성 씨의 순수한 노력의 결과물이에요. 우리는 우리의 역할을 다했을 뿐, 선택과 연구 모두 희성 씨 몫이었습니다."

참고로 말하자면 프랑스인들은 겸손하지 않다. 교수님들의 반응은 겸손에서 나온 이야기가 아니었다. 정말, 그저 사실을 말한 것이었다. 이후로 나는 언제나 프로젝트를 준비할 때면 내 작품을 다른 분야의 전문가나 나와는 다른 견해를 가진 사람에게 보여 준다. 교수님께서는 사실 다른 관점에 대한 내용을 내게 전달해 주려고 했던 것이었고, 나는 이제 그 필요성을 이해하게 됐다. 새로운 시선을 가진 사람들과 함께한 토론이 나와 작품을 성장시킨다는 걸 알기에 비판을 부정적으로 생각하지 않게 된 것이다.

프랑스 학생들은 시간이 지나면서 많은 경험을 통해 스스로 성장한다. 처음에는 한국과 교육 방식이 너무도 달라 당혹스러웠지만 프랑스의 자율적인 교육 방식 덕에 깨지고 부딪히며 스스로 성장할 수 있었다.

반면 한국의 교수님들은 대개 아주 자세한 기준을 가지고 건축에 관해 비평한다. 교수님들이 전하는 깊이 있는 건축 평론을 학생들은 흡수하고 공부한다. 그 과정에서 학생들은 점점 높은 건축적 지식을 얻게 된다. 프랑스 교수님들이 학생들을 '적절한' 방관 속에 내버려두는 것과는 사뭇 다르다.

적절한 방관으로 인해 프랑스 학생들은 종종 혼란에 빠지거나 학문적 역량이 떨어지는 경우도 생긴다. 그럼에도 불구하고 그들은 스스로 해결하는 방법을 먼저 배운다. 누구도 깊이 있게 직접적으로 가르쳐 주지 않으며 학생들도 그래서는 안 된다고 생각한다. 실제로 교수들 대부분이 학생들의 말도 안 되는 작품들을 싫어한다. 그래도 그 선택을 중요하게 여기고 다양한 기준으로 비평해 주기에 학생들은 여러 생각을 할 수 있다.

프랑스 학생들은 시간이 지나면서 많은 경험을 통해 성장한다. 학업이 끝나고 실무에 들어가서도 계속해서 뭔가를 스스로 찾고 성장을 멈추지 않는다. 한국 학생들이 양질의 교육을 빨리 받은 반면, 스스로 해결하는 힘이 약해지는 것과는 다른 모습이다. 한국에서 건축을 공부한 많은 학생들이 수준은 높지만 졸업과 동시에 더 이상 누군가의 교육을 받지 못해 대부분 건축을 포기해 버리는 것도 그런 차이에서 비롯된 게 아닐까 싶다. 고액 족집게 과외를 받던 학생이 과외를 그만두는 순간 공부를 어떻게 해야 할지 몰라 주저하게 되는 것처럼 말이다.

돌이켜보면 좌충우돌했지만 그래도 나는 운이 좋은 편이었다. 한국에서 공부할 때 자율적인 교육을 이상으로 생각하시는 교수님들을 많이 만난 덕에 비교적 자연스럽게 프랑스 교육에 적응할 수 있었다. 한국에서 교육을 받을 당시에도 나는 질문이 많은 학생이었다. 그러나 교수님들께서는 내 질문에 모두 답해 주지 않으셨다. 대신 다른 가르침을 주셨다.

"언제나 스스로 찾아보고 물어라. 스스로 답을 찾아야지, 누군가의 입으로 해결된 답은 너의 답이 아닐 수도 있다."

처음에 충격적이었던 프랑스 교육도 한국에서의 이런 경험을 상기하며 목적과 방향을 서서히 이해하게 됐다. 그러나 대부분의 한국 학생들은 이런 자율적인 교육 방식에 적응하는 데 큰 어려움이 있다. 표현력과 기술력은 뛰어나지만 창의력은 부족한 것이 한국 학생들의 현주소다. 다만 한국에서의 수준 높은 교육 경험과 프랑스에서의 자율적인 교육을 잘 이해하고 접목시킬 수 있는 사람이라면, 엄청난 창의적 시너지를 얻게 될 것이다. 한국 교육이 나쁘고 프랑스 교육이 좋다는 말이 아니다. 반대로 한국 교육이 좋고 프랑스 교육이 나쁘다는 말도 아니다. 두 교육 시스템의 장점과 단점이 있으니 절충하고 보완한다면 이상적인 결과를 얻게 될 것이라는 뜻이다. 다른 나라의 교육이 지닌 목적을 바로 알고 내게 필요한 것을 찾아 나를 채워 간다면 더 발전할 수 있다.

나는 한국에서 받은 높은 수준의 교육 덕분에 프랑스어 능력이 떨어져도 건축 수업을 충분히 이해할 수 있었다. 더불어 프랑스에서는 자율적인 사고와 자발적 탐구 정신을 습득할 수 있었다. 결국 두 나라 문화의 장점은 극대화하고 단점은 보완한 것이다. 나라마다 다른 교육 문화의 차이를 인식하지 못하고 어느 한쪽을 배척한다면, 스스로를 발전시킬 시너지 효과를 모두 날려 버린다는 걸 기억해야 한다.

설득의 기술

질문 받기

설득은 창의적인 아이디어 혹은 결과물을 보호하고 지키기 위해 꼭 키워야 할 기술이다. 세상과 다르게 간다고 해도 세상으로부터 분리될 수는 없다. 설득의 기술이 필요한 이유다.

대학교 졸업 작품 발표를 할 때였다. 발표 시간은 30분. 주어진 시간 안에 완벽한 발표를 하기 위해 계속 연습했다. 발표 당일, 발표는 순조로웠다. 박수와 칭찬, 비판 모두 골고루 받았다. 모든 게 다 잘 진행됐다고 느꼈다. 그런데 갑자기 추가 발표를 준비하라는 지시가 내려졌다. 대학 총장의 불시 방문으로 발표를 다시 해야 한다는 것이었다. 뭐 똑같이 다시 하면 되니까 그리 긴장되지는 않았다. 그런데 교수님이 갑자기 다른 주문을 했다. 발표를 1분 안에 해달라는 것이었다. 너무 당황한 나머지 1분간 무슨 이야기를 했는지 기억도 나지 않는다. "무슨 말을 하는지는 잘 모르겠지만 그래도 멋지네…… 허허허."라는 답변을 받고 끝이 났다.

충격을 받았다. 열심히 준비한 모든 걸 망친 기분이었다. 그래서 모든 걸 상황 탓으로 돌렸다. 하지만 이런 상황이 또 오지 않으란 법 없다는 생각이 들었다. 어떻게 해야 극복할 수 있을까 고민하다가 나만의 해결책을 준비해 보기로 하고 그 내용을 노트에 적어 뒀다.

> *'이제부터 모든 발표를 1시간, 30분, 10분, 5분, 1분, 한마디 버전으로 준비하자.'*

물론 시간만 줄이는 건 아니고 한마디, 1분, 5분 버전처럼 시간이 짧을 때는 호기심을 자극할 만한 강한 메시지를 담아야 한다. 내용을 듣고 질문이 나올 수 있게 유도해야 한다. 질문이 나오면 자연스럽게 설명을 보완할 수 있게 되고, 결국 발표 시간을 더 확보할 수 있으며 발표의 질도 높일 수 있다. 누구든 질문할 수밖에 없는 상황을 만드는 게 중요하다. 간혹 발표자의 상황을 고려해 시간 제한을 두지 않는 경우도 있지만 실질적으로는 그렇지 않은 때가 더 많다.

특히 건축 클라이언트들의 시간은 대개 황금과도 같아서, 약속 시간을 확보했음에도 불구하고 미팅 시간이 줄어드는 경우가 허다하다. 프랑스 장 누벨 건축사무소에 있을 때 보면 클라이언트들이 종종 늦게 오거나 예정 시간보다 일찍 가야 한다며 일어나곤 했다. 물론 더 오래 시간을 보내는 경우도 있었다. 프레젠테이션의 핵심은 적절한 시간 조절과 호기심 유발이다. 클라이언트가 "내가 갑자기 급한 일이 생겨서 시간이 없으니 회의는 10분 안에 끝내 주세요. 부탁드립니다." 하는 상황이 없을 것 같겠지만 있다. 두 시간으로 예정돼 있던 미팅을 갑자기 10분 안에 끝내야 하는 상황이 생길 때를 대비하지 않으면 미팅이 엉망이 돼 버릴 수 있다.

그럼 그 귀중한 10분을 어떻게 활용할 수 있을까. 10분간 정확한 논점을 짚어 주고, 질문을 유도하는 게 좋다. 질문이 길더라도 이메일로 답할 수 있으니 걱정할 필요 없다. 하지만 이 10분 동안 제대로 피력하지 못하면, 그간의 노력이 모두 수포로 돌아갈 가능성이 있다. 설득을 위해서는 시간대별로 준비하고, 호기심을 자극할 내용을 적절히 채워 넣는 게 매우 중요하다.

2003.10.04.

<presentation time>

발표시간은 매순간 예측불가!

1시간 발표용 -

vs

30분 발표용 -

vs

10분 발표용 -

vs

5분 발표용 -

vs

1분 발표용 -

질문하기

설득은 99퍼센트 논리와 1퍼센트의 감성으로 이뤄진다. 예를 들어, 보험설계사들은 정확한 논리에 근거해 보험 상품을 설명한다. 그 말을 듣다 보면, 그럴 듯하지만 선뜻 선택하기엔 망설여진다. 그때 보험설계사가 마지막 한마디를 건넨다.

“가족을 생각해 보세요. 홀로 남겨질 가족들을요.”

그 말을 듣고 나면 결심이 서서 보험 계약을 체결한다. 여기서 중요한 건 객관적이고, 논리적인 사실만으로는 인간의 선택을 유도할 수 없다는 점이다. 선택을 결정하는 건 객관적 정보에 더해진 감성을 자극하는 말이다.

보험설계사가 아니어도 우리는 매 순간 설득하는 상황에 놓인다. 그리고 어떻게 하면 설득을 잘할 수 있을까 고민한다. 나의 경우 프로젝트를 진행할 때 새로운 아이디어를 제안하며 팀 동료들을 설득해야 했다. 이상하게도 완벽하게 준비해 이성적으로 프레젠테이션을 할 때 설득에 실패하는 경우가 많았다. 며칠간 공을 들여 열심히 준비한 발표를 들은 동료들은 딱히 반박하는 건 아니면서도 마지막 선택을 번번이 유보했다. 학창시절 학생주임 선생님의 훈계를 듣는 분위기랄까. 맞는 말이지만 괴리감이 느껴지는 설득. 최악의 설득 방법이다. 문제의 원인은 공감의 부재다.

나는 수백 번의 프레젠테이션을 통해, 듣는 사람의 감성을 건드리는 방법을 찾았다. 그 방법은 바로 공감을 사는 것이고, 공감을 사는 방법은 질문을 던지는 것이다. 예를 들면, 바로 프로젝트를 설명하는 대신 프로젝트 전에 접했던 문제점에 관해 질문한 다음 설명을 시작한다.

"이 문제를 통해 무엇을 생각할 수 있을까요? 만약 여러분이라면 어떻게 하셨을까요?"

비록 이 질문에 아무도 답하지 않더라도 청중의 머릿속에는 작은 생각의 씨앗이 심어져 어떤 생각이든 하게 된다. 답변이 바로 나오지 않는 것은 너무나 당연한 결과다. 생각은 시간이 걸리기 때문이다. 사실 이 질문은 답변을 듣고자 하는 것이 아니라, 청중에게 조금이나마 스스로 생각해 볼 기회를 주기 위함이다. 질문을 한 뒤 몇 초간 조용히 있는 것도 좋은 방법일 수 있다. 그 순간에 이미 관중은 프로젝트에 간접적으로 참여하게 된다. 그러고 나서 구체적인 프로젝트를 보여 주면, 적절한 비판, 긍정적 판단 등 다양한 의견들이 줄지어 나온다. 만약 정말 프로젝트를 열심히 준비했다면, 모든 질문에 답변할 수 있을 것이고, 프로젝트에 관해 함께 고민하는 시간을 가질 수 있다. 이 대화에 모두가 참여한 순간, 설득은 거의 실현된 셈이다.

프레젠테이션은 대화와 같다. 다만 발표자가 좀 더 말을 많이 해야 하는 대화다. 그렇다고 해서 상대가 말할 기회가 없다면 그건 대화가 아닌 일방적 지시다. 프레젠테이션을 대화처럼 청중이 개입할 수 있게 한다면 영향력 있는 발표를 할 수 있다.

2005. 2. 12

카멜레온 되기

한국에서도 설득이 쉽지 않은데 외국이라는 특수한 상황에 놓인다면 설득은 훨씬 어려워진다. 단지 언어만의 문제가 아니라, 그 나라의 문화를 이해하고 있어야 하기 때문이다. 아무리 프랑스어를 잘한다고 해도 설득과는 정비례하지 않는다.

프랑스에서의 설득법은 크게 두 가지로 나뉜다. 유머 코드가 있는 것과 없는 것. 대부분의 프랑스 사람들은 유머 코드를 곁들이는 방식을 이용해 설득을 한다. 딱딱한 정치 토론 방송도 서너 번은 웃음을 유발한다. 적절한 유머 코드의 사용은 프랑스에서 꼭 필요한 무기다. 하지만 이 방식은 외국인에겐 너무 어렵다. 외국인이 한국의 토크 코미디를 보고 웃을 수 있을까? 마찬가지로 프랑스에 사는 한국인이 프랑스의 토크 코미디를 이해하기는 아주 어렵다. 나도 프랑스에서 프레젠테이션을 하던 중에 유머 코드를 여러 번 사용했지만, 거의 대부분의 청중은 내가 유머를 한 줄도 모르고 지나갔다. 혼자 낯이 뜨거워질 때가 한두 번이 아니었다. 유머는 문화의 정점에 있다고 해도 과언이 아니다. 어학에 있어서도 최고 경지일 것이다. 이런 유머 코드를 적절히 섞어 설득에 활용한다면 좋겠지만 쉽지 않다. 반면, 유머 없이 진지한 설득법은 프랑스에서는 거의 없고, 주로 외국인이 구사한다. 프랑스인이 유머 없이 마냥 진지하게 프랑스인을 설득하려 하면, 그들은 10분도 집중하지 못한다. 그러나 외국인이 이 방식을 쓸 때는 인내심을 갖고 들어 보려는 노력은 한다. 그러나 유머 코드를 곁들인 설득만큼의 효과를 기대하기는 힘들다.

유머 코드는 그 지역의 시대적 흐름을 대변하는 문화 코드이기도 하다. 이를 배우고 사용하려면, 그때그때 그 도시와 문화권에 사는 사람처럼 변해야 한다. 그 나라 사람인 것처럼 얼굴에 철판을 깔고 대범하게 행동해야만 이 문화 코드를 이해할 수 있다.

어느 도시에서든 살다 보면 그 도시와 문화 코드를 어느 정도는 알 수 있다. 단, 그러기 위해서는 카멜레온이 주변 환경에 따라 색을 바꾸듯, 스스로 그 도시에 녹아들기 위해 애써야 한다. 가끔 사람들이 묻는다. "그렇게 문화에 따라 변신하면 내 정체성이 사라지거나 변색되는 건 아닐까요?" 그런 걱정은 안 해도 될 것 같다. 우리 안에 있는 유전자가 절대 변하지 않듯 정체성 또한 쉽게 변하지 않는다. 언제든 본래의 모습으로 돌아올 수 있다.

내게는 두 가지 모습이 있다. 프랑스에서의 모습과 한국에서의 모습. 이 둘은 근본적으로 다르다. 표정, 옷, 태도, 말투가 전혀 달라진다. 이중적인 것으로 보일 수도 있다. 그러나 이 두 가지 모습을 구분하지 않았을 때 많은 문제점들이 생겨났다.

프랑스에서 일이 너무 많아 휴가 때도 한국에 오지 못하다 보니 정신없이 시간이 흘러 3년 만에 한국에 오게 됐다. 그조차 강연 의뢰와 여러 잡다한 일정 때문에 온 것이었다. 그래도 오랜만에 온 한국이니 시간을 내서 오래된 지인들을 만나 즐거운 시간을 보냈다. 그런데 한 친구가 이런 말을 했다.

"외국 살더니 너 좀 느끼해진 것 같아. 뭔가 과장된 행동도 많아지고 이상해졌어. 변한 것 같아……."

변했다는 말이 그리 좋은 어감으로 들리지는 않았다. 사실 그건 그 친구의 개인적인 느낌만은 아니었다. 이미 그런 이야기를 많이 들은 터였다. 심지어 부모님조차도 내 모습을 낯설어 했고, 과장된 액션을 불편해하셨다. 한 달여 동안 나의 이런 단점을 모두 고치도록 애썼다. 이제 좀 자연스럽다는 평가를 듣고 나서야 안심이 됐다.

과장된 표현을 어느 정도 고치고 프랑스로 돌아갔다. 그런데 이번에는 프랑스인 직장 동료가 말했다.

"휴가차 한국 갔다 오더니 무슨 일 있었어? 왜 그렇게 시무룩해? 조금 달라 보여."

처음에는 이해가 가지 않았다. 내가 달라졌다니? 한국에서도 프랑스에서도 내 모습이 이상해 보이는 건가? 그 순간 아차, 하는 생각이 머리를 스쳤다. 문화의 차이였다. 프랑스에서의 대인관계, 사는 방식은 분명 한국과 다른 것이었는데, 모든 게 내 문제인 줄로만 알았다. 프랑스와 한국의 문화가 다른 만큼 내 모습이나 행동도 적절하게 변화했어야 했다. 프랑스에 젖어든 모습으로 한국에서 활동하고, 한국에 젖어든 모습으로 프랑스에서 활동한 셈이었다.

한 지인이 나의 이런 고민을 듣고 문화 스위치를 만들어 볼 것을 추천했다. 그래서 그 이야기를 노트에 적어 뒀다.

2014. 7. 28

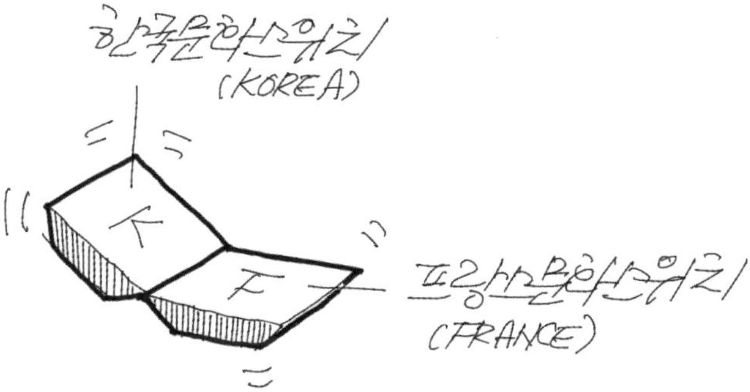

그 문화에 맞는 행동과 말하기를
잊으면 안된다 – 임OO님 이야기

생각하면 행동하게 된다.

그 뒤로는 비행기를 타고 한국에 도착하기 전에 프랑스에 적응해 있는 내 문화적 방식은 끄고, 한국 문화의 스위치를 켠다. 반대로 프랑스에 갈 때는 한국 문화 스위치를 끄고, 프랑스 문화 스위치를 켠다. 단순하게 보이는 스위치 개념이지만 이 방법은 생각보다 크게 도움이 됐다.

예를 들면, 프랑스에서 대화할 때는 즐겁고 힘차게 액션을 취하면서 말하는 게 일반적이다. 이는 열정적인 모습으로 비친다. 나이의 경계도 없다. 나보다 나이가 많더라도 친해지면 존칭 없이 반말로 허심탄회하게 이야기한다. 그렇게 20~30년의 나이차를 극복하고 친구가 된다. 반면 한국에서 그런 태도를 보이면, 오버하고 버릇없는 사람으로 치부된다. 한국 문화에서 손과 몸을 쓰며 이야기하는 건 일상 대화에서는 다소 억지스럽게 보고, 나이에 따른 예의 표현은 선택이 아닌 필수다. 문화의 차이를 바로 알고, 적절하게 자신의 모습을 컨트롤해야만 각각의 문화권에서 나의 주장을 관철시킬 수 있다.

바야흐로 세계화가 된 지금, 수많은 젊은 한국인 인력들이 외국으로 진출하고 있다. 비즈니스 세계에서 설득의 기술은 영역을 불구하고 꼭 갖춰야 할 역량이다.

기록을 통해 낯선 감각을 객관적으로 인지해 보자. 생각을 확장시켜 나의 발전에 활용할 수 있다. 낯선 것을 두려워하지 말자. 세상의 논리에 매몰되지 말자. 다만 내가 찾은 답을 사람들에게 납득시킬 방법은 고민해 보자.

셋,

근본에 다가가는 기록

전통에 집중하기

대학원에서 전통 건축을 전공하면서 가장 인상 깊었던 점은 단순히 전통 건축 형태가 아니라 그 속에 담긴 수수께끼 같은 의미 혹은 이야기였다. 선조들이 보여 주는 교훈과 숨은 의미 등은 언제나 큰 감동을 줬다. 새로운 생각의 시작을 일으켰고, 내가 가진 선입견을 부쉈다.

운좋게도 한국에서 대학교 신입생 때부터 대학원 졸업 때까지 전통 건축을 가까이서 접할 수 있었다. 전통 건축에 대한 남다른 애정으로 민가연구회民家硏究會, 민중의 전통 가옥을 연구하는 연구회 회원이 돼 수많은 답사와 연구보고서 등도 작성했다. 연구회의 표어였던 문장을 마음속 깊이 새겼고, 지금도 잊지 않고 있다.

"한국 전통 건축 정신을 계승 발전시켜 세계 건축의 선봉이 되자韓國傳統建築精新繼承發傳世界建築先鋒!"

– 민가연구회民家硏究會

누가 만든 표어인지는 몰라도 오랫동안 내 마음속에 자리 잡았고, 앞으로도 그 의미를 새기면서 나아갈 것이다.

이처럼 한국 전통 건축에 대한 강한 자부심과 긍지를 가진 채 프랑스 유학을 시작했다. 한국 전통 건축을 널리 알리고 싶었다. 많이 알지는 못해도 아는 한에서는 설명해 줄 수 있었기 때문에, 한국 전통 건축을 궁금해하는 프랑스인을 만나면 잘 설명해 주겠다고 마음먹었다.

그런 굳은 결심과 달리 프랑스에서 한국 전통 건축에 관심을 보이는 사람은 거의 없었다. 심지어 한국 전통 건축을 설명해도 중국 것으로 오해하곤 했다. 알고 싶어 하는 사람들도 단순한 호기심일 뿐 진지한 관심은 아니었다. 오히려 세계적으로 중국에 대한 관심이 날로 커지다 보니 중국과 같은 부류의 건축이라고만 생각하는 듯했다. 문득 예전에 읽었던 신문기사 하나가 떠올랐다.

우리 전통 음악 사물놀이를 처음 외국에 시연할 당시 관객들은 귀를 막고, 시끄러워했다고 한다. 그러나 이듬해 공연 때는 오케스트라와 사물놀이 합동 연주를 했는데, 상식적으로 더 시끄럽게 느껴질 것 같았던 이 연주는 찬사를 받았다. 그 이후부터는 사물놀이 단독 연주만으로도 찬사가 이어졌다.

외국에 한국 전통을 소개하는 방법은 우선 외국인들이 이해할 수 있는 바탕에서 보여 줘야 한다. 오케스트라는 외국인들이 느끼는 음악의 바탕이었고, 그 바탕 위에 우리의 전통 사물놀이를 올려놓았기 때문에 사물놀이를 음악으로 이해할 여지가 생겼고, 곧 그 매력을 모두가 공감하게 된 것이다.

결국 내가 현대 설계 안에서 한국 전통의 모습을 새롭게 잘 비추어 낸다면, 모두가 관심을 갖고 한국의 전통 건축까지 궁금해 할 것이라는 확신을 갖게 됐다.

하지만 전통 건축을 현대 건축에 조화롭게 투영해 내는 건 정말 어려운 일이다. 일제시대에 끊어진 전통 건축의 역사를 이어 오는 일은 한 개인이 이루기엔 벅찬 과업일 수밖에 없다. 억지로라도 해 볼 수는 있겠지만 아직 덜 익은 장의 장독대를 여는 모양새가 될 게 뻔했다. 지금의 내 수준으로는 흉내만 내는 정도일 뿐 턱없이 부족하다. 좀 더 연구를 해 봐야 한다고 생각했고, 결국 당장 전통의 현대화는 포기했다. 그러나 재미있게도 아직 안 익어서 열지 않은 장독대에도 장 냄새가 나는 건지, 프랑스에서 폴메이몽 젊은건축가상을 받은 뒤 브리깃 교수님이 인터뷰에서 내 작품에는 프랑스와 유럽에서 보기 힘든 다른 면이 있다며 아마도 이것이 한국적인 부분인 것 같다고 하셨다.

"백희성 씨의 작품을 보면 굉장히 섬세합니다. 이 점이 한국적인 부분이 아닐까 싶은데요. 추상적이고 눈에 보이지 않는 아이디어를 구체적으로 그려 내는 능력이 대단합니다. 다른 프랑스 학생이나 유럽 학생들에게서는 보기 힘든 부분이죠."('브리

깃 드 코스미, 파리 발드센건축학교 교수 인터뷰', YTN 뉴스, 2011년 1월 27일)

추상적이고 눈에 보이지 않는 아이디어를 구체화하는 것이 모두 한국적인 부분이라 할 수는 없다. 그러나 수십 년간 학생들을 가르쳐 온 프랑스 교수의 말은 우리에게는 너무 당연해서 인지하지 못하는 것들이 있는지도 모르겠다는 생각을 해 보게 한다.

누군가 내 작품이 한국 전통을 반영한 것이냐 묻는다면, 언제나 답은 '아직은 아니다'이다. 단지 전통에서 배운 몇 가지 시선을 갖고 설계한 것뿐이다. 여기서는 그 많은 시선들 중 기록으로 적어 뒀던 두 가지만을 이야기하고자 한다. 이 시선들은 타국에서 남들과 다른 개성과 창의성을 던져 줬다. 해외에 한국 전통의 우수함을 알리는 것도 중요하지만, 해외에서는 전통 그 자체가 내게 어디서도 얻을 수 없는 독창적 개성으로, 특별한 무기가 되기도 한다.

경계를 허무는 시선

어느 늦여름, 경주 남산을 답사했을 때였다. 모두 줄줄 흐르는 땀을 닦으며 산을 올랐다. 가끔 시원한 골짜기 바람이 불면, 잠시 멈춰 바람을 온몸으로 맞았다. 얼마쯤 지났을까. 우리 앞에는 단아한 탑 하나가 나타났다. 사방이 확 트인 아름다운 광경 속에 홍일점처럼 서 있던 그 탑은 '용장사지삼층석탑'이었다.

마침 석탑을 전문으로 하는 박사님과 같이 여행 중이라 자세한 설명을 들을 수 있었다. 그는 이 석탑에 비밀이 하나 숨어 있다고 했다. 평소 석탑을 그렇게 눈여겨본 게 아니라 아무리 봐도 그 비밀을 찾을 수 없었다. 단아한 아름다움 외에는 별로 특별함은 없어 보였다.

그가 알려 준 비밀은 바로 하부기단이 없는 탑이라는 점이었다. 석탑에는 지면보다 높게 건축물을 받치는 하부기단이 있는 게 보통인데, 이 석탑에는 정말 없었다. 대신 하부기단이 있어야 할 자리에 커다란 바위가 있었다. 그걸 하부기단이라고 보고 경계가 어디까지일까 훑다 보면, 어느새 남산 전체가 눈에 들어온다. 결국 산 전체를 기단 삼아 만든 셈이다. 경계가 없는 세상에서 가장 거대한 탑을 만들었던 솜씨에 탄복할 수밖에 없었다.

2003. 6. 12

온전체가 바위산이다!
세상에서 가장 큰석탑을 만드는 방법
"부족함으로 완벽함에 이르는 지혜"

Q 이 지혜를 어떻게 건축과 디자인에
담을수 있을까??

선조들의 재치에 깜짝 놀랐다. 세상에서 가장 큰 경계 없는 석탑을 만든 것이 아닌가? 그것도 물리적으로 크게 만드는 방법이 아닌 기단을 하나 빼고 만든 방법에서 위트와 재치가 느껴졌다. 요즘처럼 세상에서 가장 높고, 가장 큰 건물을 만드는 게 인간의 위대한 기술력과 도전을 대변하는 시대에 경종을 울리는 큰 가르침이라고 생각했다. 부족함으로 경계를 허무는 거대함을 만들 줄 알았던, 선조들의 지혜가 놀라울 따름이었다.

거대함을 부족함으로 완성하는 시선은 그 깊이를 가늠하기가 힘들다. 부족함으로 경계를 허무는 시선을 건축 프로젝트에 담아 보려 여러 차례 시도했지만, 선조들의 시선에 비하면 아직 그 깊이를 담아내기가 어려웠다. 이 시선을 현대화할 방법을 계속해서 더 찾아야 할 것 같았다. 그로부터 20년이 지나고 나서야 이 부족함으로 완벽함을 얻는 지혜에 대한 방법을 찾게 됐다. 어쩌면 이 고민을 20년간 노트에 적어 둔 덕분일지도 모른다.

이를 구현한 건 2023년 교회 현상 설계 공모전에서였다. 당시 우리 팀은 앞으로의 교회 건축이 어떤 방향으로 나아가야 할지 고민하고 있었다. 그리고 여러 내용 중에 기도실에 초점을 맞췄다. 어떤 기도실이 돼야 편할지 고민했다. 처음에는 편하고 안락하고 조용한 기도실을 설계하는 데 집중했다. 그러나 뭔가가 빠진 것 같았다. 그게 뭔지는 모르겠지만 확실히 편리하고 합리적인 기도실은 충분하지 않은 느낌이 들었다. 뭔가 깊은 영성과 깊은 울림이 있는 기도실을 만들어야겠다는 생각에 계속해서 고민했지만 도무지 답을 찾을 수 없었다.

이렇게 문제에 직면하면 나는 내가 2002년부터 기록해 오던 노트 전부를 뒤져 보기 시작한다. '깊은 영성과 깊은 울림을 담은 기도실'이라는 하나의 생각만 하며 노트를 뒤적이기 시작했다. 그리고 20년 전 기록했던 '부족함으로 완벽함에 이르는 지혜'라는 구절이 적힌 페이지에서 시선이 멈췄다.

평소 그 페이지를 보면, 어떻게 전통적인 지혜를 현대화할 수 있을지 고민하고 답변은 찾지 못했던 기억뿐이었다. 그런데 그날은 그 페이지가 다르게 보이기 시작했다. 그래서 20년 만에 그 페이지 아래에 한 줄을 더 적었다. '부족하지만 완벽한 기도실을 만들자'라고…….

2023. 8. 14

부족하지만 완벽한 기도실을 만드는 것이
해답일지도 모른다??
어떻게 만들까???

이 기록을 갖고 우리는 천장이 뚫려 눈과 비가 들어오는 불편한 기도실을 만들었다. 여름에는 덥고, 겨울에는 추운 기도실이었고, 기도하는 공간에는 차가운 콘크리트 의자를 놓았다. 예수 그리스도의 고난의 역사를 조금이나마 느끼고 배우고자 하는 의도를 담은 것이었다. 이 모든 게 20년 전 기록이 만들어 준 생각의 발전 결과였다.

불편을 감수하는 시선

논문을 쓰기 위해 120여 군데 전통 사찰을 답사하고, 그 외의 연구 및 학술 그리고 여행의 목적으로 참 많은 전통 건축물을 보러 다녔다. 그러다 눈에 들어온 게 바로 불편한 계단이었다. 아마도 첩첩산중에 숨어 잠들어 있는 전통 사찰을 답사해 본 사람이라면, 울퉁불퉁하고, 높이가 높은 계단 앞에 서서 "아이고, 언제 올라가나!" 하는 탄식을 한번쯤 해 봤을 것이다. 사찰에서 옛날 모습을 가장 완벽히 지키고 있는 게 바로 이런 계단들이다. 물론 새롭게 반듯하게 축조된 현대의 계단도 있겠지만, 세월의 흔적을 담고 있는 울퉁불퉁한 돌계단은 아주 오래전부터 그 모습 그대로였음을 스스로 증명해 보이고 있다. 그중 어떤 계단들은 단차가 너무 높은 것도 있다. 예전 선조들의 평균 신장이 나보다 훨씬 작은 걸로 알고 있는데 이렇게 무식할 정도로 단차 높은 계단을 만들었다는 게 이해할 수 없다고 처음 전통 사찰을 답사했을 때 느꼈다.

'이런 바보 계단 같으니라고. 넘어질까 무서워서 주변을 둘러볼 여력도 없고, 내 발끝에 눈과 온 신경을 집중해야 한다니…….'

그런데 다 오르고 나자 그 이유를 알 수 있었다. 갑작스레 확 트인 넓은 대웅전 마당에 들어서면서 느낄 그 감동을 위해 우리의 시선을 땅에 고정시킨 것이었다. 맨 처음 계단을 오르며 아래에서 위를 바라보면, 대웅전 현판만 살짝 보인다. 어디가 목적지인지 알 뿐, 그곳의 풍경은 잘 보이지 않는다. 계단을 오르다 보면 조금씩 대웅전 주변 풍경이 보이겠지만, 불편한 계단 덕분에 그 풍경을 볼 여력이 없다. 시선을 땅에 고정시킨 채 조심조심 올라야 하기 때문이다. 하지만 얼마 지나지 않아 맞이하게 되는 반전 공간, 즉 대웅전 마당에서 큰 감동을 느낀다.

불편한 계단은 대웅전 마당의 감동을 위해 고도의 전략으로 만들어진 선조들의 지혜인 셈이다. 일부러 불편함을 주고 감동을 취하는 방식은 현대의 편리주의 사회와는 전혀 다른 방식이다. 편리함을 위해서였다면, 계단은 좀 더 편하게 각 단이 낮추어졌을 것이고, 그렇다면 시선은 정면을 향했을 것이고, 멀리서부터 천천히 보이는 대웅전 마당에 들어섰을 때 큰 감동은 없었을 것이다. 갑작스레 확 트인 대웅전 마당의 감동을 위해 우리는 그렇게 조금 불편함을 감수해야 했던 게 아닐까.

나는 이 내용을 자세히 기록해 두었다. 그리고 질문을 하나 적었다.

'시선을 빼앗는 바보 계단을 현대에서 적용해 볼 수 있을까?'

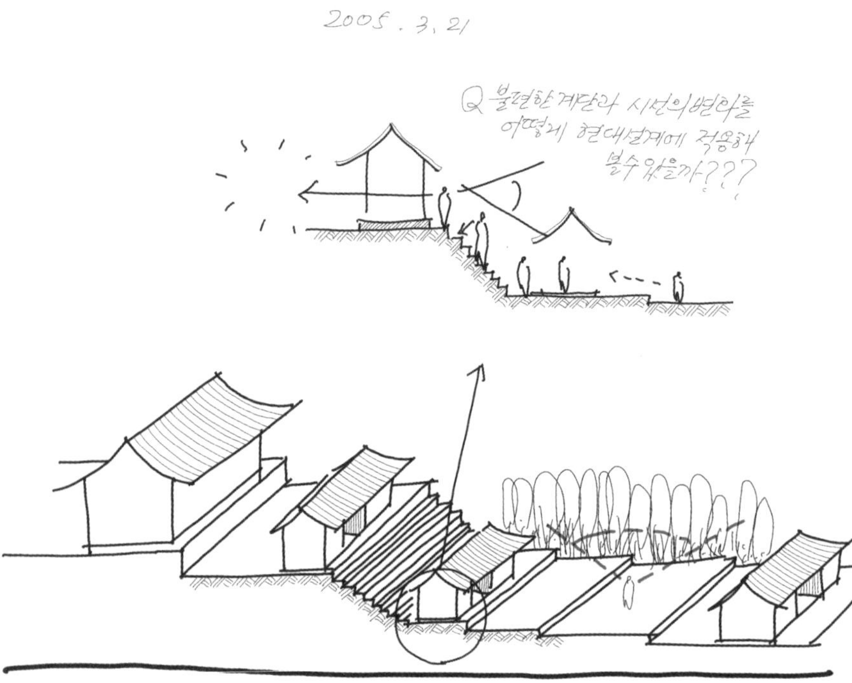
2005. 3. 21
Q 불편한 계단과 시선의 변화를
어떻게 현대설계에 적용해
볼수 있을까???

이상한 계단은 유럽에서도 봤다. 이탈리아의 건축가 주세페 테라니Giuseppe Terragni가 대문호 알리기에리 단테Alighieri Dante를 생각하며 지은 신전 '단테움'에 설계한 '오를 수 없는 계단'이다. 2007년 이 계단이 그려진 도면을 실제로 처음 봤다. 계단의 본래 기능은 올라가거나 내려가는 것이다. 그런데 이 계단은 중간이 끊겨 있다. 올라가다 보면 끊어진 계단 앞에서 주저하게 된다. 옆으로 난 문으로 들어가면 되지만, 오를 수 없는 계단의 끝자락에 일부 계단이 남아 있다. 공중에 떠서 날아오를 수 있다면 다시 계단을 밟고 위로 올라갈 수 있을 것만 같다. 단테움에는 단테의 서사시《신곡》의 내용이 건축적으로 재현돼 방문객이 지옥, 연옥, 천국을 거쳐 가는 순서로 공간이 구성됐다. 이를 통해 오를 수 없는 계단이 가진 상당한 의도를 짐작해 볼 수 있었다. 나는 계단을 바라보며 일개 인간의 힘으로는 범접할 수 없는 신의 공간을 상기하고 현재 위치를 돌아보며 겸허해져야겠다고 생각했다. 그리고 그날의 생각과 내용을 노트에 적었다. 한국 전통 건축뿐 아니라 이탈리아 고전에서도 배울 점이 있다.

2007. 9. 15

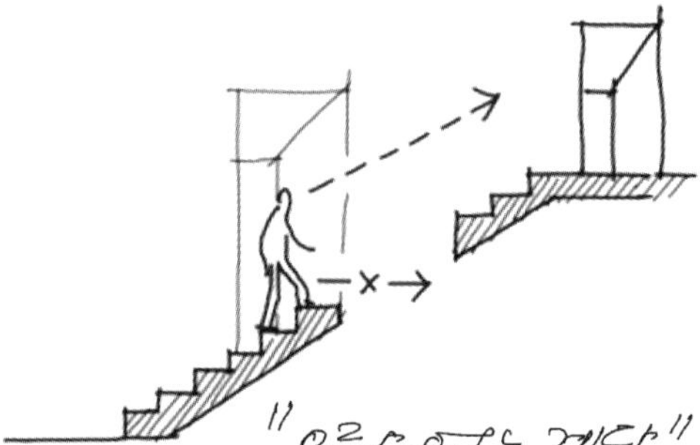

"오를수 없는 계단"

주세페 테라니 (Giuseppe Terragni)

단테움 (Danteum)

바라보며 올라갈수 있는것처럼
느껴지지만 갈수없는 계단의 의미는??

단테의 《신곡》의 표현을위해???

2020년, 머리는 하얗지만 체격은 건장한 한 남자가 나를 찾아 왔다. 은퇴한 소방관이었던 그는 내게 카페를 설계해 달라고 요청했다. 나는 그에게 카페는 수익을 내기도 어렵고, 경쟁이 너무 치열한 분야이니 다시 생각하는 게 어떻겠냐고 말하며 의뢰를 에둘러 거절했다. 은퇴한 소방관의 퇴직금을 지키려면 이 프로젝트를 막아야 한다고 생각했다. 예상치 못한 반대에 부딪힌 소방관의 낯빛엔 실망한 기색이 가득했다. 나는 그에게 물었다.

"그런데 왜 카페를 하고 싶어 하시는 거죠? 도저히 이해가 가지 않습니다."

"제가 소방관으로서 평생 물로 사람을 구했잖아요. 은퇴하고도 물로 사람을 이롭게 하고 싶은데…… 머릿속에 카페밖에 떠오르는 게 없더라고요."

그의 대답에 한동안 말을 잇지 못했다. 사업의 수익성보다 사람을 위한 깊은 뜻에서 카페를 하려 한 것이었다. 그래서 나는 생각을 바꿔 반드시 성공할 수 있는 카페를 만들어 주겠다고 다짐했다. 복제할 수 없는 카페 공간을 만들기 위해 우리는 땅과 소방관의 이야기(기억)에 집중했다.

카페를 지으려는 땅은 작은 언덕에 있었다. 빨리 오르면 10초만에도 오를 수 있는 아주 낮은 야산이었지만 언덕에 올라 주변을 바라보면 계절마다 옷을 갈아입는 논의 풍경이 펼쳐졌다. 그러나 언덕이 너무 낮아서 올라가면 금방 내려오게 돼 매력이 약한 땅이었다.

소방관의 이야기를 듣기 위해 인터뷰를 진행했다.

"어떤 계기로 소방관이 되셨어요? 어떤 특별한 사연이 있는지 궁금합니다."

소방관은 머뭇거리며 몇 번 한숨을 쉬고 나서야 입을 열었다.

"저는 원래 소방관을 할 생각이 없었어요. 1980년대 후반에 대학교를 졸업하고 광고 분야 취업을 준비했는데…… 취업에 실패했습니다. 주변 모두가 취업에 성공했는데 저만 실패했죠. 저는 당시 가족을 건사하기 위해서라도 무슨 일이든 해야 했어요. 그러다 대학교에 붙은 대자보에 소방공무원 모집 공고를 봤죠. 뭔가에 홀린 듯 지원했고 붙었습니다. 미달이었거든요, 하하하. 1년만 하고 진짜 원하는 직업을 찾겠다고 결심했었어요. 그렇게 1년만 하겠다고 하고 시작했던 게 제 인생을 완전히 바꿨죠. 사람을 구하는 1년의 시간은 저를 완전히 바꿔 버렸습니다. 그리고 그 1년이 30년 넘게 이어졌어요. 이제 은퇴할 때가 다가오니 그런 생각이 들더군요. 하고 싶은 길이 있지만, 사람에게는 운명의 길이 있다는 거요. 하고 싶은 길과 운명의 길이 엇갈릴 때도 있지만 그래도 운명의 길은 의미가 있다고 느낍니다. 제게는 깊은 사명이죠."

그가 이야기해 준 '바라는 길과 운명의 길이 엇갈릴 때도 있지만 그래도 운명의 길은 의미가 있다'는 말이 오래도록 머릿속에 맴돌았다. 그리고 '풍경은 아름답지만 너무 낮고 짧은 언덕'을 해결해야 한다고 생각했다. 이 두 가지 관점을 가지고 그동안 기록해 오던 노트를 다시 읽어 봤다. 그리고 노트 속에서 두 가지 큰 단서를 발견했다. 전통 건축의 불편한 계단과 단테움의 오를 수 없는 계단이었다.

우리는 먼저 오를 수 없는 계단을 모티브로 '운명의 길'을 만드는 작업을 진행했다. 바라보는 방향으로 건물이 만들어져 있지만 실제로는 그 방향으로 걸어갈 수 없게 해서 원하는 길을 가지 못하는 것을 표현했다. 그리고 살짝 비틀어진 길로 갈 수밖에 없도록 만듦으로써 운명의 길을 의미하도록 했다. 바라보는 길과 실제 가야 하는 길을 미묘하게 엇갈리게 해 소방관의 '바라는 길'과 '운명의 길'의 차이를 구현했다.

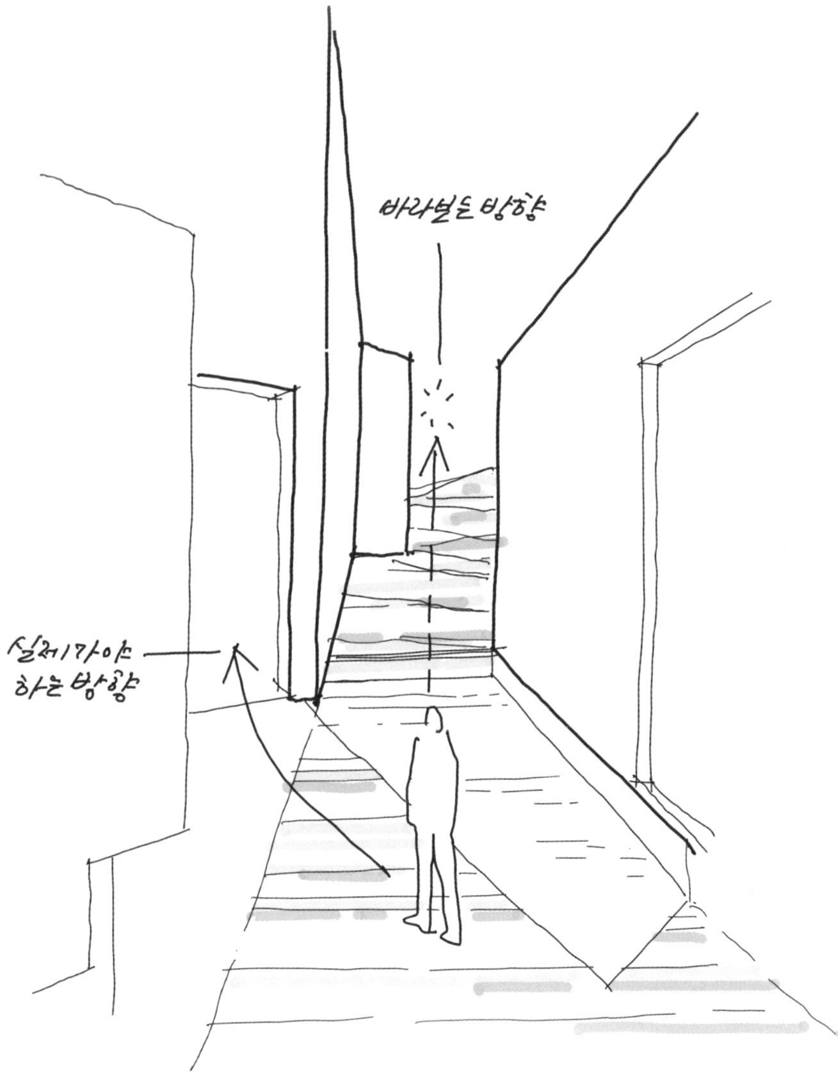
바라보는 방향
실제 가야 하는 방향

그리고 낮고 짧은 언덕은 전통 건축에서의 불편한 계단을 활용해 보기로 했다. 시선을 빼앗고 여러 방향으로 돌아가게 하는 형태로 계단을 구상했다. 금방 올라갈 수 있는 동선을 미로처럼 만들어 두니, 언덕을 오르는 시간이 15~30분으로 늘어났다. 긴 여정이 만들어진 셈이다. 그리고 바로 올라갈 수 있는 산행길을 모두 건물로 막아 건물 세 채를 통과해 미로처럼 돌아가게 만들었다. 이렇게 하니 소방관의 운명의 길이 더 강조되는 효과도 있었고, 계단을 오른 끝에 숲을 만나는 기쁨도 배가 됐다.

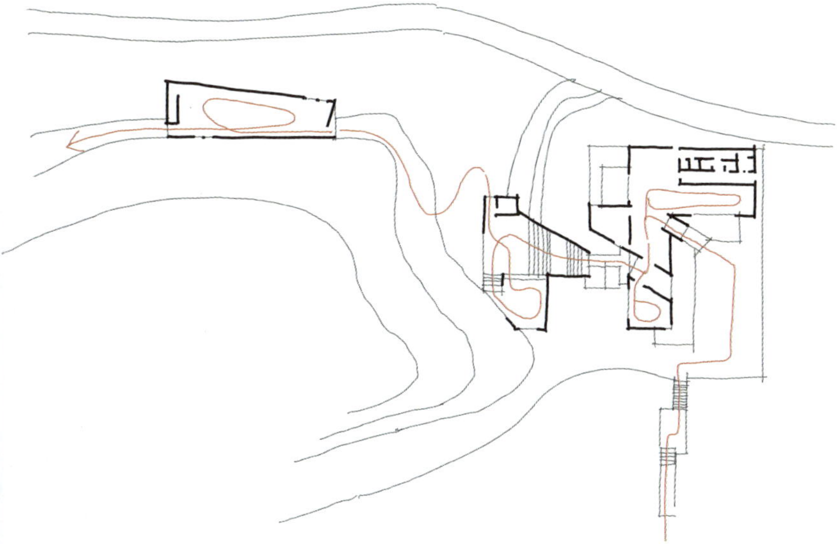

전통, 고전을 고루한 과거로 남겨 두지 않고 현대로 끌고 온 덕에 프로젝트를 잘 완수할 수 있었다. 거기엔 전통과 고전에 대한 끊임없는 관심, 아이디어와 생각의 기록이 한몫했다. 다행히 소방관의 카페는 망하지 않았다. 소방관의 인생이 담긴 미술관 카페로 제법 알려졌고, 지역 명소로 자리 잡았다. 앞으로도 이 카페의 공간은 누구도 복제할 수 없을 것이다. 사람과 땅의 이야기(기억)는 복제할 수 없는 특별한 콘텐츠이기 때문이다. 기록이 없었다면 이 숙제를 어떻게 풀었을지 상상이 가지 않는다.

모든 일은 연결된다

AI 덕분에 우리는 하루 종일도 무언가와 대화와 토론을 할 수 있다. 그 과정에서 많이 배우고 또 성장할 기회를 얻을 수도 있다. 나 역시 AI를 이용할 때도 있지만 그보다는 내게 많은 가르침을 주신 은사님들과의 대화를 더 좋아한다. 나를 유학길로 끌어 주신 은사님은 현재 돌아가셨고, 전통 건축을 알려 주신 은사님은 몸이 편찮으셔서 더 이상 힘 있는 대화와 토론이 어려운 상황이다. 그럼에도 나는 여전히 그분들과 대화를 나눈다. 어떻게 이게 가능할까?

사실 지금까지의 내 배움과 깨달음의 원천은 그간 만나 온 사람들로부터 왔다. 내게만 해당하는 말이 아니다. 누구나 타인으로부터 깊은 감동과 깨달음을 얻은 경험이 있을 것이다. 학교에서 스승과 제자로, 직장에서 사수와 부사수로 만난 사이일 수도 있다. 그런데 우리 뇌는 이 소중한 인연들을 곧잘 잊는다. 뇌의 어딘가에는 잘 저장돼 있는지 몰라도 다시 꺼내 볼 수 없을 정도로 잊기 쉽다. 그런 점 때문에라도 나는 만났던 사람들에게서 깊은 인상을 받았을 때 주저하지 않고 노트에 기록한다. 처음 기록을 할 때는 상대방에게 항상 물었다.

"지금 해 주신 이야기가 정말 인상적인데 혹시 제가 기록으로 남겨도 될까요? 선생님 성함과 오늘 날짜도 함께요."

이렇게 물었을 때 거절한 분은 없었다. 모두 흔쾌히 허락해 주셨고 오히려 더 깊은 이야기를 나눌 수 있었다. 그렇게 기록에 남긴 사람만 2,000명이 넘는다. 가볍게 지나가면서 이야기를 나눈 사람까지 합치면 더 많은 사람과의 대화를 기록해 뒀다. 이런 대화의 기록은 내게 큰 도움을 줬다. 그중 가장 중요한 건 진짜 내 생각을 구분하게 해 줬다는 점이다.

어느 날 친구가 내게 최근 정치 문제에 대한 이야기를 했다. 미디어를 통해 본 내용과 관련해 여러 의구심을 제기해 토론하듯 말이 이어졌다. 나는 그 이야기를 귀담아들었다. 그런데 그로부터 한 달이 조금 지나 만났을 때 그는 의구심 정도가 아니라 마치 자신이 경험한 일처럼 그 이야기를 하고 있었다. 한 달 전 기록을 떠올리며 그에게 물었다.

"한 달 전에는 그 이야기를 믿지 않았잖아. 갑자기 바뀐 이유가 있어?"

그는 약간 머뭇대더니 확신에 찬 듯 말했다.

"내가 찾아보니깐 그게 맞는 이야기더라고."

이 지점이 뇌가 우리를 괴롭히는 순간이다. '찾아보니까'라는 말은 이미 남의 생각이 나의 생각으로 침투한 순간이다. 미디어나 주변 사람들의 이야기를 반복적으로 듣다 보면 어느 순간 이야기를 들은 사람이 아니라 경험한 사람처럼 말하게 된다. 어쩔 수 없는 뇌의 착시 현상이다.

그러나 기록을 하면 내 생각과 타인의 생각을 구분할 수 있다. 타인에게서 인상적인 이야기를 듣고 기록해 두면, 언젠가 다시 그 페이지를 펼칠 때 그 대화의 순간으로 다시 빠져든다. 그리고 미처 묻지 못했던 이야기나 더 나누고 싶은 이야기를 기록해 둔다. 더 이상 그가 뭔가 대답을 해 주지는 못하지만, 그의 입장이 돼서 답변을 적어 볼 수 있다. 그렇게 기록 안에서 토론과 대화가 이어진다. 물론 그때 내가 작성한 답변은 그가 아니다. 나의 생각일 가능성이 크다. 기록하지 않으면 시간이 흘러 내가 그의 이야기를 마치 내 이야기인 것처럼 말하고 있을지도 모른다. 대화를 적어 두면 그의 생각과 나의 생각을 분리할 수 있다.

수많은 책과 영상, 미디어, 대화 가운데 진짜 내 고민과 생각을 찾기가 점점 더 어렵다. 미디어에서 돈에 대해 이야기하면 대중은 돈에 대한 고민을 시작한다. 사회에서 평등에 대한 이슈로 큰 반향이 일면 대중은 평등에 몰입한다. 인간은 사회적 동물이기에 언제든 주변의 영향을 받는다. 이게 모두 나쁜 건 아니다. 하지만 그러는 사이 나를 잃을 수도 있다. 기록은 새로운 것을 배우되 내 생각과 가치를 지키게 해 준다. 그렇게 내 인생에 집중할 수 있다.

기록으로 과거와 대화하기

대학을 마치고 S기업에 공모전 입상자로 특별 입사가 결정됐다. 당시 누구나 들어가고 싶어 하는 기업이었기에 주변의 축하가 이어졌다. 그러나 나는 아무도 모르게 조용히 회사에 연락해 입사 거절을 했다. 인사팀에서는 황당하다는 입장이었다. 그때의 내가 남긴 기록을 찾아보면 참 재미있다.

'전통 건축에 대한 심도 있는 공부, 현대 건축에 활용할 수 있는 전통 건축 요소 탐구…….'

이 바람을 기업에서는 이룰 수 없었기에 내린 결정이었다. 결국 입사는 취소됐고 난 대학원에 입학하기로 했다. 대학원에 진학한다고 해서 내가 원하는 연구를 할 수 있는 건 아니었다. 스스로 찾아야 했다.

2003. 10. 7.

좋은 연봉에 대기업 입사가
결정되었는데……

왜? 마음이 불편하지?
무엇이 나의 마음이 걸리게
하는지 이전 기록을 찾아봐야겠다.

모두가 원하는 길이 내가 원하는
길이 맞다??

대학원에서 2년간 치열하게 묻고 토론하고 논문을 쓰며 전통 건축에 대한 기초를 다졌다. 하루는 전통 사찰의 마당에 대해 궁금한 점이 있어 교수님께 여쭸다. 교수님은 한국에서 엄청난 영향력을 가진 전통 건축의 대가셨다.

"전통 사찰들의 마당을 보면 모양과 크기가 모두 다르더라고요. 단순히 지형에 순응하기 위해서라고 보기엔 뭔가 부족한 느낌이 드는데 혹시 다른 이유가 있을까요?"

왠지 스스로 뿌듯해지는 질문이었고 곧 교수님께 깊은 지혜를 얻을 수 있으리라 기대했다. 하지만 교수님의 말씀은 내 예상을 뛰어넘었다.

"그 질문을 하기 전에 먼저 해야 할 일이 있는데…… 너 전통 사찰 다 보고 왔어?"

"네? 그 많은 사찰을 어떻게 다 봐요? 많이 보긴 했지만 전부 보진 못했습니다."

"그래? 그럼 먼저 문화재로 지정된 사찰이라도 다 보고 와! 그 다음에 다시 질문해."

"네?"

당시 기록을 보면 이렇게 쓰여 있다.

2004. 3. 4

망했다! 전통사찰 마당을 물어봤는데,
문화재지정사찰을 다 보고와서 다시 물어보라고
하신다.

대기업입사거절하고, 대학원온것이 정말
잘한건가??

물어도 답해주지 않으시는 교수님....

갑작스러운 미션에 망연자실했지만 그래도 문화재로 지정된 사찰을 다 찾아봐야겠다고 생각했다. 우선 문화재 지정 사찰 도면 자료를 찾기 위해 보고서를 뒤졌다. 선배들이 정리해 놓은 자료도 일부 받았다. 요즘엔 국가유산청에서 도면 자료를 쉽게 구할 수 있지만, 당시에는 자료를 구하는 일도 쉽지 않았다. 모두 모아 보니 122개였다. 더 있을지도 모르지만 당시는 이게 전부였다. 122개 사찰을 모두 답사하고 온다는 건 사실 말이 되지 않았다. 하지만 이러다가는 교수님께 어떤 질문도 할 수 없겠다는 생각이 들었다. 그럼 대학원에 온 이유도 사라진다.

될 대로 되란 식으로 차에 올랐다. 하루에 서너 개의 사찰을 보고 오면 한 달이면 된다는 생각으로 무작정 걸음을 옮겼다. 돈을 아끼기 위해 차에서 잠을 잤고, 3일에 한 번 민박집에서 묵고 씻었다. 처음 일주일은 사진만 열심히 찍었다. 그런데 문득 그런 생각이 들었다. '전통 사찰의 마당 크기와 형태가 다른 게 궁금했던 건데 사진만 찍었네.' 뭔가 잘못됐다고 생각했다.

일주일 전 답사했던 사찰들을 다시 방문했다. 그리고 줄자를 이용해 사찰 마당의 길이를 쟀다. 당시엔 사찰 마당에 관한 배치도라든지 도면을 구하는 게 무척 어려웠다. 어떤 사찰에서는 스님들이 도와주셔서 쉽게 마당을 실측할 수 있었지만, 매몰차게 거절당한 곳도 많았다. 문화재로 지정되고 사찰을 고치는 게 쉽지 않은 점이 불편했던 한 스님은 실측도 하지 말고 가라고 했다.

포기할 수 없던 나는 마치 탑돌이를 하듯 걸었다. 마당 주변으로 이리저리 보폭을 맞춰 걸으며 걸음 수를 셌다. 그리고 발걸음 수를 기반으로 개략적인 마당의 크기를 쟀다.

우여곡절 끝에 두 달 조금 넘게 흘러 모든 사찰의 마당 조사를 마치고 학교로 돌아왔다. 거지꼴로 돌아온 나를 보며, 대학원생 선배, 동기들은 당황했다. 나는 바로 교수님을 찾아가 물었다.

"교수님, 전통 사찰 마당 다 보고 왔습니다. 이제 이유가 뭔지 알려 주시죠."

당당하게 교수님을 바라보며 말씀드렸다.

"다 보고 왔나?"

"네, 다 재고 왔습니다. 마당 실측 다 했습니다."

"다 보고 왔으니 이제 그 마당들을 비교해 봐야지."

"네? 보고 오면 답을 주시는 것 아니었나요?"

"다 보고 왔으니 이제 그 마당들을 비교해 봐. 그럼 답을 찾을 수 있을 테니."

온몸에 힘이 빠지는 기분이었다. 하지만 교수님이 덕분에 나는 먼저 발로 뛰고 그다음에 책상에 앉아 연구하는 법을 몸으로 배우게 됐다. 그리고 결국 전통 사찰 마당에 관한 논문을 쓸 수 있었다.

그 외에도 나는 질문이 참 많은 학생이었고, 교수님은 매번 질문에 대한 힌트를 주실지언정 쉽게 답을 주진 않으셨다. 다만 내가 잘못된 방향으로 나아가는 듯 보이면 조금씩 방향을 조정해 주셨다.

대학원 생활 2년 동안 내 노트 10여 권에는 교수님과의 대화가 남아 있다. 지금 다시 읽어도 교수님의 혜안에 깜짝깜짝 놀란다.

대학원 졸업 논문 발표를 끝마쳤을 때였다. 논문을 쓰고 졸업하는 시점에 교수님께서 진로를 어떻게 정했냐고 물으셨고, 나는 유학을 가려 한다고 말씀드렸다. 당시 전통 건축 관련 유학은 거의 일본으로 갔는데 나는 프랑스로 결정했다. 유럽으로 결정한 데 여러 이유가 있었지만, 그중 하나는 전통을 도시와 건축에 녹여 놓은 유럽 건축을 통해 한국 전통의 현대화에 대한 힌트를 얻기 위해서였다. 대학원 선후배 그리고 교수님도 나의 진로 방향에 대해 놀라워했다. 아무도 반대하지는 않았지만 표정에서 안타까움이 묻어났다. 교수님께서는 내가 박사 과정에 들어오길 바라셨던 듯했다. 하지만 내가 이런 결정을 내린 건 기록 속 특별한 대화 덕분이었다. 그 대화를 통해 나는 내 진짜 바람과 생각을 알 수 있었고 주저 없이 선택할 수 있었다. 내 결정은 대학원에 들어오기 훨씬 전에 시작됐음을 교수님께 기록으로 보여 드렸다.

〈대학교 1학년 때, 1997년 5월 4일 기록 내용〉

동양 건축의 원리에 대한 수업 때 교수님께 질문했다.

"동양 건축의 내용을 이 수업을 마치면 어느 정도 수준까지 도달할 수 있을까요? 적어도 한국 전통 건축은 어느 정도 수준까지 배울 수 있겠죠?"

"너무 성급한 거 아닌가? 이번 학기 동안 수업을 들으면 아마도 아이의 걸음마 정도이지 않을까? 빨리 배우고 싶은 이유가

뭐지?"

"저는 현대 건축에 전통 건축을 적용해 보고 싶거든요. 이번 학기 설계 때부터 써 보고 싶은데요."

"평생을 공부하고 연구해야 하는 분야라 그렇게 생각하면 안 돼."

"그럼 전통 건축을 먼저 배우고, 현대 건축을 나중에 배우는 게 나을까요? 아니면 현대 건축을 먼저 배우고 전통 건축을 나중에 배우는 게 나을까요?"

"함께 배워야지. 쉽지는 않겠지만……."

이때 결심했다. 현대 건축과 전통 건축을 병행하기로. 하지만 학교의 교육 과정에서 전통 건축은 수업이 두 개뿐이었다. 졸업할 때까지 두 개의 수업을 듣고 끝마치는 것으로는 충분치 않았다. 그래서 1997년 여름, 학생들이 모여서 만든 전통 건축 연구회 '민가연구회'에 가입했던 것이고, 그해 여름에 신안군 도초도에 연구 실측을 하러 갔다. 당시 섬은 50년 넘게 시간이 멈춘 곳이었다.

지붕은 슬레이트였지만 집의 배치는 거의 100년 넘게 그대로 유지하고 있었다. 과거로 시간여행을 하는 것 같았다. 그때 내가 실측하던 오래된 집에 사는 할머니와의 대화도 노트에 적어 뒀다.

〈대학교 1학년 때, 1997년 8월 4일 기록 내용〉

고택을 실측하면서 거주자이신 ○○할머니와 대화를 나눈 기록이다.

"할머니는 이 집을 언제 처음 만나셨어요?"

"나야~ 시집올 때지. 내가 시집왔을 때, 아버님께서 내 사주에 양기가 부족하다고 내 방 동쪽에 창을 내셨지."

"지금은 이 집에 동쪽으로 창이 난 방이 없는데요."

"우리 어머님께서 돌아가시자 아버님께서 안방을 내주셨어. 안방은 동쪽으로 마루가 있으니 여전히 양기를 받을 수 있다고 이야기하셨지. 그리고 당신께서는 나와 바깥양반이 쓰던 건넌방으로 옮기셨어. 더 이상 동쪽 창이 필요 없으시다고 다시 남쪽 창으로 바꿔 놓으셨지."

전통 가옥은 사람에 따라 창을 바꿀 수 있다니 신선했다. 그때 문득 우리가 오래된 전통 가옥을 조사할 때, 지금의 상황만으로 집을 판단하는 건 아닐까 하는 생각이 들었다. 집은 그 안에 살고 있는 사람들의 생각에 따라 유연하게 바뀌는데 과정 속에 있는 집이 아니라 남겨진 결과물로 판단하는 건 아닐까. 과정 속에 놓인 집의 역사와 이야기를 공부하고 싶었다. 하지만 그런 수업은 없었다. 스스로 찾기에도 너무 어려운 주제였다. 그 갈증은 시간이 지나도록 해소되지 않다가 취업을 앞둔 시점에 다시 드러났다.

1997년, 교수님과 고택에 사시는 할머니와 대화하지 않았다면 대학원에 진학해 전통 건축을 공부하는 일은 없었을 것이다. 그리고 프랑스로의 유학을 선택하지도 못했을 것이다. 그렇다고 내 모든 결정이 바른 방향으로 진행됐다고 말하기도 어렵다. 단지 인생에서 어떤 선택을 할 때, 적어도 오랫동안 고민해 온 주제라면 몸을 던져 보는 게 맞다고 생각할 뿐이다.

어떤 선택을 하든 결론은 아무도 모른다. 단지 나는 내가 오랫동안 고민해 온 내용의 대화를 기록에서 다시 발견했고 인생의 진로를 결정한 것이다. 흥미로운 건 아직도 이 대화들이 진행 중이란 것이다. 나는 교수님께 또 묻는다. 기록으로 묻는다.

"한국 전통 건축과 현대 건축을 따로 배우든 동시에 배우든 그게 중요한 것이 아니고, 시대적 상황에 의해 변화된 과정을 통해 전통 건축에서 현대 건축으로 바뀌는 순간 놓친 것을 찾아야 하지 않을까요?"

교수님께 전화를 드릴 수는 없다. 몸이 편찮으셔서 말씀하시기가 어렵기 때문이다. 그러나 교수님처럼 상상하면서 답변을 적어 본다.

"전통에서 현대로 바뀌는 시점을 찾으면 미래는 어떻게 하려

고 하는 거니? 과거와 현재를 보고 미래를 예측할 수 있겠니? 그럼 전통 건축의 현대화를 넘어 미래적 제안을 해 볼 수 있겠니?"

교수님을 상상하고 적었지만, 그에 대한 나의 답은 아직 적을 수가 없다. 다만 교수님께서 건강하셨다면 이렇게 묻지 않으셨을까. 아니 그 이상의 깊은 질문을 주셨을 것이다.

이렇게 해서 나는 기록으로 내 생각과 타인의 생각을 구분할 수 있게 됐다. 그리고 어떻게 생각을 발전시키고, 어떻게 다른 시선을 배울 수 있는지 깨닫게 됐다.

오늘도 흥미로운 이야기를 하는 사람과의 대화를 적고 있다. 이 대화가 나의 미래 어느 지점에서 어떤 영향을 줄지는 모르지만…….

넷,

불완전한 경험의 기록

준비 없이 실패하기

무언가에 도전할 때, 우리는 그 도전에 관한 정보를 찾는다. 시행착오를 줄이기 위해, 그리고 더 빠른 결과를 얻기 위해서다. 사전 정보는 꼭 필요하다? 정말 이런 방식이 맞을까?

"나 그림을 그리고 싶었어. 그래서 학원을 등록했지. 그리고 미대에 진학했어. 또 지금은 화가가 됐고."

'그림을 그리고 싶어'와 '그래서 학원을 등록했지' 사이에 무엇이 필요할까? 그림이란 걸 있는 그대로 느껴 보는 게 필요하다. 처음 내가 그림을 그리고 싶었을 때, 나는 붓이 없었다. 아니 붓이 필요하지 않았다. 왜 붓이 필요한지 몰랐다. 내겐 손가락이 있으니까…….

손가락에 물감을 묻혀 열심히 찍고, 누르고, 밀며 물감의 질감과 색감을 몸으로 느꼈다. 내게 그림은 인간이 원하는 가장 기본적인 본능이었고, 아이들이 그러듯 인간에게 가장 가까운 필기도구는 손가락이라고 생각했다.

언제부턴가 도구가 우리의 손과 도화지 사이를 벌려 놓았다. 이런 괴리감을 먼저 줄이는 게 그림을 이해하는 가장 기본적인 방법이다. 손가락을 이용해 많은 그림을 그렸다. 그러다 보니, 정교한 부분은 손가락으로는 한계가 있었고, 원하는 표현을 위해서는 붓이 필요하다는 걸 깨달았다. 처음에는 붓도 내 손가락보다 작은 사이즈 하나, 큰 것 하나, 총 두 개만 이용했다. 그런데 점점 더 다양한 그림을 그리려니 붓도 여러 종류가 필요했다. 그제서야 붓의 위대함을 알게 됐다. 지금은 50개가 넘을 정도로 많은 붓을 갖고 있다.

만약 내가 화실에 먼저 갔다면 내 손에는 바로 연필과 붓이 주어졌을 것이다. 그랬다면 내 몸과, 내 손가락의 열망과 감정을 느끼지 못했을 테고, 붓을 이용한 화려한 기술을 익히는 데 급급한 나머지 붓의 위대함도 깨닫지 못했을 것이다.

준비 없이 순수하게 맞닥뜨려 보는 실패는 더 이상 실패가 아니다. 나를 전혀 새로운 세계로 안내한다. 남들은 쉽게 겪어 보지 못한 세계로……. 붓을 먼저 잡아 보지 않았기 때문에 수많은 시행착오가 있었지만, 중요한 것 하나를 알게 됐다. 다름 아닌 감정이다. 인간이 가지는 가장 원초적이고도 기본적인 감정. 이제는 붓뿐만 아니라 여러 도구를 이용해 그림을 그려 본다. 붓과 손이 그림의 도구이듯 세상의 모든 것들은 도구가 될 수 있다. 그래서 어떤 화가들은 자신의 몸을 붓처럼 이용하는 것인지도 모르겠다. 결국 '준비 없는 실패'는 내게 세상 모든 만물이 붓이 될 수 있음을 알게 해 주었다.

사진을 배우고 싶어 하는 두 친구가 있었다. 두 친구 모두 노출, 초점, 앵글, 보정 등 사진의 기본 기술에 대해 전혀 모르는 말 그대로 '왕초보'였다.

그중 한 명인 프랑수아는 먼저 인터넷에 올라온 수많은 정보를 수집하기 시작했다. 사진 관련 잡지도 구독하고, 사진의 역사도 공부하고, 현대 사진 전시회에도 다녔다. 여러 달 뒤 그 친구는 수많은 전문용어를 쏟아부으며 사진에 관해 설명했다. 사진에 문외한이었던 나는 그가 하는 말의 절반도 알아듣기 힘들었다. 평소 휴대폰 카메라만 쓸 줄 알았던 내게는 너무 생소하고 어렵기만 한 용어들이었다.

반면 다른 친구 크리스티나는 사진을 따로 공부하기보다는 오로지 두 손으로 주변 사물의 앵글을 잡아 보는 연습만 해댔다. 사진을 찍고 싶은데, 어떤 것을 찍고 싶은지, 왜 그런 것들을 찍고 싶은지 알고 싶어서라고 했다.

몇 달 뒤 이 친구도 카메라를 샀고, 열심히 촬영을 했다. 그리고 1년이 조금 지났을 무렵, 우리는 우리만의 작은 전시회를 열기로 했다. 벽에 맘에 드는 사진들을 열 장 정도 인화해서 걸어놓고, 나를 비롯한 몇몇 친구들이 이 전시회의 관객이 됐다. 처음 한 10분가량 사진을 봤을 때, 사진 공부를 제대로 한 프랑수아의 사진은 색감도 좋고, 화려했다. 굉장히 멋져 보였다. 반면 크리스티나는 뭔지 모르게 어색하고, 누구나 찍을 수 있을 정도의 사진 수준이었으며, 때론 역광 때문에 사진이 잘 보이지도 않았다.

감상이 끝나고 두 친구들의 작품 설명이 시작됐다. 크리스티나의 작품 설명을 들으며 나를 포함해 친구들 모두 연거푸 감탄을 금치 못했다. 크리스티나는 사진에 대한 근본적인 질문부터 시작해 사진이 갖는 감정들에 관해 시를 쓰듯 설명을 이어 갔다. 물론 프랑수아도 멋진 설명을 했지만, 크리스티나의 깊이에는 미치지 못했다. 프랑수아의 작품 설명 속 문구들은 종종 평론가들에게서 듣던 언어였다. 더 세련되고 멋졌지만, 감동은 크지 않았다. 반면 크리스티나의 말은 조금 어눌하긴 했지만, 인간과 사진에 대한 심도 있는 고민의 흔적이 그대로 묻어 있었다.

그로부터 2년이 지났다. 프랑수아는 사진을 잘 안 찍는 반면, 크리스티나는 그제서야 사진 기술과 역사를 공부했다. 그리고 프랑수아가 했던 것처럼, 사진 전시도 빠짐없이 보러 갔다. 그러면서 계속해서 다양한 사진들을 찍고 있었다.

또 몇 년이 더 흘러서 보니 프랑수아는 더 이상 사진을 찍지 않고 사진가의 꿈을 접었다. 반면 크리스티나는 사진작가로 인정받고 자신의 길을 열어 가고 있다.

좋아하는 것에 도전하던 두 유형이 보이는가? 하나는 실패를 줄이고 피하기 위해 기술을 먼저 습득했고, 다른 하나는 준비 없이 실패함으로써 조금은 느리지만 점점 더 좋아하는 것에 가까이 다가가고 있다. 준비 없는 실패는 뒤처지는 것이 아니다. 좋아하는 걸 더 근본적으로 구체적으로 보게 해 주는 방법이다. 남이 해놓은 수많은 정보나 교육을 접하기 전에, 자신이 왜 이것을 좋아하는지, 왜 이것을 해야 하는지, 무엇을 해야 하는지 고민해 보는 것은 자신을 풍요롭게 하는 기회가 된다.

하고 싶은 일에 대해 미리 준비하는 건 모두가 겪은 실패를 피하게 해 줄 수는 있지만, 실패가 주는 교훈과 영감은 놓치게 된다. 모두가 겪는 일반적인 실패라도 충분히 겪어 볼 가치가 있다. 일부러 겪을 필요는 없겠지만, 그래도 겪을 수 있다면 겪어 보는 게 좋다고 생각한다. 모두가 겪는 실패라 하더라도, 모두가 같은 경험을 하는 건 아니기 때문이다. 같은 실패 속에서도 사람마다 전혀 다른 걸 얻는다.

스무 살 성인이 되던 날, 아버지께서 해 주셨던 말이 지금도 선명하게 기억난다.

"이제부터 실패를 뺏기지 마라. 그리고 웬만하면 조언을 믿지 마라."

처음에 이 이야기를 들었을 때는 도무지 이해가 되질 않았다. 이상한 궤변처럼 들렸다. 실패는 좋은 느낌의 표현이 아니다. 그리고 조언은 좋은 표현이다. 스무 살에 듣고 흘려 보낸 뒤로도, 아버지는 매년 내게 똑같은 이야기를 반복적으로 강조했다. 그리고 어느 순간, 아버지의 이야기도 기록했다. 그때의 이야기는 최대한 대화체로 적어 뒀다. 그리고 해마다 그 내용에 대해 추가 질문을 드리고 내용을 보완해서 다시 적기를 반복했다.

2003. 2. 1

인생을 재밌게 사는 방법

= 실패를 뺏기지 말고, 조언을 구하지 마라!

해보지 않은 사람이 말하는 것이 바로 "실패다 조언"이다

남에게 피해주지 않는 범위에서 멋대로 살아라!

"아들! 이제 인생을 재미있게 사는 법을 하나 알려 주마!"

"네? 그게 뭔데요?"

"이제부터 실패를 뻿기지 마라. 그리고 웬만하면 조언도 믿지 마라."

"네? 그게 무슨 말이에요? 실패는 나쁜 것이고, 조언은 좋은 것이라는 게 사회적 통념인데…… 거꾸로 하라고요? 왜죠?"

"만약에 네가 불경기에 창업을 하려고 하면 주변에서 조언할 거야. 사업을 하기엔 너무 불경기니깐 상황을 조금 보고 하는 것이 좋지 않겠냐고. 그런데 그 조언을 해 주는 사람들 중 99퍼센트는 창업을 해 보지 않은 사람들이다. 대부분의 사람들은 본인이 해 보지 않은 걸 조언한단다. 그러니 조언을 믿으면 안 된다."

"그런데 1퍼센트는 사업을 해 본 사람들일 거 아니에요. 그 사람들 중에 실패한 사람이 조언을 해 줄 수도 있잖아요."

"좋아. 사업에 실패한 사람이 네게 조언을 해 줬다 치자. 그리고 너도 똑같이 사업을 해서 그가 경고한 것처럼 똑같이 망했다 치자. 그가 겪은 실패 경험과 네 실패 경험이 같을까? 전혀 다를 거야. 결국 인생에서 실패는 앞으로 나아갈 중요한 교훈과 에너지야. 만약 실패하지 않기 위해서 조언을 받고 실패를 피해 간다면, 그건 너의 소중한 경험을 잃는 것이지. 실패는 경험이야. 그 경험이 남들과 다르고 신기하고 재미나다면 네 인생은 정말 재미있을 거란다. 이상 인생을 재미있게 사는 방법이었다."

덕분에 나는 인생을 살면서 아버지께 조언을 구할 때마다 냉정하게 거절당했다. 덕분에 꽤 많은 시행착오와 실패를 겪었고, 나 스스로 대안도 찾았다. 언제나 준비 없는 실패를 당연하게 여기고 극복하는 과정을 기록하고 있다. 아버지 말씀대로 인생은 정말 흥미진진하다. 이를 잊지 않기 위해서라도 기록을 하고, 이 기록은 지금도 계속해서 살을 붙여 가며 더 커지고 있다.

자신 없이 성공하기

"기록을 하는 사람에게는 창작의 고통이 없다."

이 말을 자주 하곤 한다. 재수 없는 말 같겠지만 나 혼자 하는 말이 아니다. 실제로 기록을 오랫동안 해 온 사람들이 공감하고 동의하는 말이다. 아이디어가 많고 끊임없이 참신한 생각을 많이 하는 사람 중에 기록을 하지 않는 사람을 본 적이 없다. 기록이 어떻게 아이디어로 변하는지 실제 경험을 이야기해 보려 한다.

파리에서 건축사무소를 오픈하고 얼마 되지 않아서였다. 창업 시점에 일을 찾는 건 대표로서 가장 중요한 일이다.

그런데 첫 번째 의뢰가 건축 설계가 아니라 명함 디자인이었다. 조금 주저했지만, 프랑스에서는 건축가가 여러 작업을 하는 데 대해 관대한 편이다. 그래서 클라이언트와 미팅을 잡았다.

머리가 은발에 가까운 매력적인 나이 든 남자였다. 왜 명함을 내게 의뢰했는지 물었다. 그의 대답에 깜짝 놀랐다. 나와 앙숙인 디자이너가 나를 추천했다는 것이다. 그리고 사전에 다섯 명의 디자이너에게 의뢰했지만 마음에 들지 않아 찾아왔다고 한숨을 내쉬며 말했다. 다섯 명의 디자이너 작업물에 만족하지 못했다면, 건축이 본업인 우리 작업을 과연 만족해할지 의문이었다.

"건축이 저희 본업인 것은 아시죠?"

"네, 그럼요. 오히려 건축가가 디자인하면 제가 원하는 명함이 나올지도 모르죠. 그렇게 추천을 받았습니다."

우리 업계에서는 여러 전문가를 거쳐 온 고객을 두려워한다. 최대한 피해야 한다는 암묵적 룰이 있다. 앙숙이었던 디자이너가 나를 추천한 이유는 골탕 먹어 보라는 빤한 수작이었다. 그럼에도 고객의 이야기는 들어 봐야겠다는 생각이 들었다.

"어떤 명함을 원하시는 거죠?"

"비즈니스 명함은 아니고 사교 모임에 갈 때 쓰고 싶은 명함인데요. 그게…… 좀……."

그는 한동안 말을 돌리며 이야기하기를 주저했다. 그리고 이내 말했다.

"제가 운영하는 회사의 메시지가 있는데, 그걸 사람들이 자연스럽게 이해하고, 또 그 메시지를 다른 사람들에게 이야기해 주면 좋겠어요. 사교 모임 특성상 비즈니스 이야기를 좀 유연하게 해야 하는데 그걸 명함으로 하고 싶은 거죠."

"직접 말씀하시면 되지 않나요?"

"제가 이야기하기보다는 명함을 받는 사람이 그 명함을 보고 회사의 메시지를 입으로 말하길 바랍니다."

"이건 뭐랄까요……. 대신 말해 주는 명함이네요? 하하하."

어이가 없어 웃음이 터졌다. 그러나 그는 진지한 표정으로 대답했다.

"네! '대신 말해 주는 명함'이라는 말이 정확하겠네요. 그게 맞아요."

나는 속으로 영국 작가 조앤 롤링Joan K. Rowling의 소설《해리 포터》속 호랑가시나무 마법 지팡이가 있어야 실현 가능하겠다는 생각을 했다. 하지만 최대한 당황하지 않은 듯 그에게 말했다.

"예산에 제약은 없나요? 이 디자인은 돈이 좀 많이 들지도 모르거든요."

"네, 예산은 중요치 않습니다. 실현 가능한 명함이 만들어지는 게 중요하죠."

"그럼 아주 얇은 스피커를 만들면 어떨까요? 명함처럼 얇은 스피커를 만들어서 사람들에게 주면, 자동으로 메시지의 육성이 흘러나오게 하는 거죠."

실은 어이없는 이야기를 마구 던지는 중이었다. 이미 머릿속에는 이 고객을 어떻게 내보낼지에 대한 생각으로 가득 차 있었다. 말도 안 되는 아이디어를 듣고 한참을 고민하던 그는 내게 물었다.

"좋은 생각이긴 한데요…… 디자인의 힘은 그보다 훨씬 간결하고 명쾌하게 만드는 것 아닐까요? 그리고 스피커 명함은 받은 사람이 직접 말하는 건 아니잖아요."

마음속으로 '네가 직접 만드세요!'라고 외치고 있었다. 결국 그와의 관계를 정리하기 위해 명함 디자인에서는 받을 수 없는 높은 금액의 디자인비를 제안했다. 좋은 자동차 한 대를 살 수 있을 정도의 높은 금액이었다. 보통 이러면 감당하기 어려운 금액 때문에 포기하기 마련이다. 아무리 돈이 많다고 해도 터무니없는 데 큰돈을 쓰는 건 경계한다. 그런데 그는 내 제안을 수락했다. 그러더니 계약서를 바로 쓰자고 했다. 나는 최대한 나중에 계약을 하자고 미뤘다. 그는 조금 고민하더니 말했다.

"그럼 이메일로 의뢰를 할 테니, 수락해 주세요."

그의 옆에 있던 비서가 간단한 내용의 메일을 내게 바로 보냈고, 나는 프랑스어로 수락한다는 표현으로 'OUI(네)'라고 답장을 보냈다. 눈앞에서 메일로 의뢰와 수락이 진행됐다. 물론, 고객이 떠나고 나면 이러저러한 핑계로 거절을 할 셈이었다. 그런데 나중에 아는 변호사에게 물어보니, 프랑스에서는 이메일도 법적 구속력을 갖는다고 했다. 순간 든 생각은 하나뿐이었다.

'망했다!'

회사 팀원들에게 이 상황을 설명했다. 다들 반응이 좋지 않았다. '대신 말해 주는 명함'이라는 게 가능한가,라는 의구심 가득한 표정을 지었지만 그렇다고 해서 부정적인 의견을 내는 것도 아니었다. 오히려 이번 기회에 정말 이걸 만들 수 있다면 엄청난 일이 아니냐는 이야기를 했다. 기간은 단 한 달! 이 문제를 풀기 위한 고민이 시작됐다. 하지만 일주일이 지나도록 어떤 단서도 찾을 수 없었다.

이번에도 역시 2002년부터의 기록이 담긴 나만의 노트들을 봐야 했다. 방대한 양의 노트를 다 살펴보는 일은 쉽지 않다. 며칠이 걸릴 수도 있다. 그래도 이 과정을 거치는 이유가 있다. 아무리 인상적인 기억도 사람은 너무 쉽게 잊기 때문이다. 기억이 가물가물하거나 기억이 난다고 해도 왜곡돼 있거나 일부 삭제됐을 가능성이 크다. 물론 기억력이 좋아서 다 기억한다는 사람들도 있을 수 있겠지만 뇌과학자, 심리학자 들에 따르면 기억이 왜곡되고 잊히는 건 인간이 살기 위해 선택한 것이라고 한다. 만약 우리가 작은 기억도 완벽하게 저장할 수 있다면, 아주 작은 트라우마조차 벗어날 수 없을 것이다. 그래서 뇌는 기억을 적당히 왜곡하고 지운다. 기억이 미화된다는 말도 이런 연유에서 나온 것이다. 나는 내 기억을 믿지 않는다. 대신 그 순간의 경험을 적은 기록을 믿는다.

수년 전에 기록한 내용을 보다 보면, 갑자기 그 순간의 모든 것이 바로 어제처럼 선명하게 떠오르는 경험을 하게 된다. 우연히 책장에서 발견한 쪽지를 보고 과거 어느 날엔가 쪽지를 적었던 순간이 떠오르는 경험 말이다. 한동안 이 경험이 무엇인지 찾았고, 그게 '메타인지'란 걸 알게 됐다. 컴퓨터는 어려운 문제건, 쉬운 문제건 문제가 주어지면 로딩 시간이 있다. 아는 문제인지 모르는 문제인지 알려고 해도 자신의 데이터를 찾는 데 시간이 걸린다. 물론 엄청 빠르지만. 그러나 사람은 문제를 보자마자, 머리를 쓰지 않아도 알게 된다. 이 문제를 내가 풀 수 있는지 풀 수 없는지, 혹은 아는 문제인지 모르는 문제인지. 수년 전에 기록한 내용을 읽으면 메타인지로 인해 그 순간을 경험할 수 있게 된다.

자 그럼, 수백 권에 달하는 기록물을 보면 어떤 현상이 일어날까? 2002년부터 현재까지의 경험을 모두 스캔하듯 확인하게 되는 것이다. 과거에 인상적이었던 모든 경험들을 다 소환하는 기분은 정말 엄청나다. 뭐든 할 수 있을 것 같다.

옛 기록을 다시 읽는 건 같은 책을 다시 읽는 것과 같다. 책을 읽고 시간이 흐른 뒤에 다시 보면 우리는 새로운 것을 발견한다. 무엇이 바뀐 걸까? 사람이 바뀐 건가? 책이 바뀐 건가? 바뀐 건 책을 읽는 사람의 처해진 상황, 관점이 바뀐 것이다. 바뀐 관점으로 읽으면 같은 책 속에서도 다른 메시지를 찾을 수 있다.

이번에는 '대신 말해 주는 명함을 만들 아이디어 찾기'라는 관점으로 읽어 내려갔다. 하루를 조금 넘겨서 아이디어의 소스를 찾을 수 있었다. 2011년 10월 21일, 메트로(지하철) 역에서 열차를 기다리는 순간의 이야기로부터.

2011.10.21

왜? 큰글씨는 안보고, 작은글씨는 보는걸까?

파리의 메트로에는 사람 키보다 큰 거대한 광고판이 있다. 그 광고판에는 여러 개의 광고가 뒤섞여 있어 '혼돈의 카오스' 같다. 항상 제대로 보지 않고 스치듯 지나는 곳이었다. 그런데 그날은 어쩐지 광고판이 하얗게 비어 있었다. 지나가던 많은 사람들이 갑작스럽게 비워진 흰 광고판을 낯선 시선으로 바라봤다. 그런데 잘 보니 그 큰 광고판 중앙에 아주 작은 글씨 같은 게 있었다. 별생각 없이 열차를 기다리고 있었는데, 한 여성이 광고판 가까이 다가가더니 그 작은 글씨를 읽고는 웃음을 터뜨렸다.

그 웃음 때문에 다른 사람들도 광고판으로 와서는 작은 글씨를 읽었다. 웃는 사람, 어이없어 하는 사람, 욕하는 사람 등 다양했다. 뭔가에 낚이는 것을 그리 좋아하지 않는 나였지만, 사람들의 반응을 보고 궁금해져서는 이제 막 도착한 열차를 타지 않고 광고판으로 다가갔다. 뭐라고 쓰인 거지? 궁금한 마음이었다.

'광고 문의는 이 전화번호! 06 20 18 00 00'

보는 순간 황당했다. 그리고 동시에 이 광고문의 연락처를 적은 디자이너는 천재라는 생각이 들었다. 항상 크고 화려한 글씨가 가득했을 때는 사람들이 거의 읽지 않았는데, 잘 보이지도 않게 작은 글씨로 적어 놓으니 모두가 읽고 있다. 그때의 느낌을 뭐라고 정의하기는 어려웠다. 그래서 그냥 단순하게 적었다.

'왜? 왜? 왜? 사람들은 큰 글씨는 안 보고, 작은 글씨는 집중해서 보는 걸까? 보이는 것에는 흥미를 잃고 안 보이는 것에는 흥미

를 느끼는 걸까?'

평소 우연히 이 페이지를 다시 보게 되면 '이렇게 낚였었지' 하는 생각만 들었다. 그런데 지금은 이 문장이 다르게 보였다. '대신 말해 주는 명함'의 힌트가 될지도 모른다는 생각 때문이었다.

다음 날, 팀원 중 세 명만 불러서 이 이야기를 건넸다. 내 의도를 간파한 그들은 명함을 아주 작은 글씨로 만들어 보자고 했다. 가까이서 간신히 보일 듯 말 듯한 명함. 200번 넘게 출력해 본 뒤에야 육안으로 보일 듯 말 듯한 크기의 글자가 쓰인 명함이 완성됐다. 기대를 안고 모든 팀원들을 불렀다. 그리고 아무 말 없이 명함을 나눠 줬다. 그러자 한 팀원이 말했다.

"이거 뭐예요? 점자예요? 글자예요?"

팀원들은 서로가 제대로 보고 있는 게 맞는지, 글자인지 점자인지 혼란스러워하며 명함을 코 앞까지 가져다 대고는 집중해서 글자를 확인했다. 그러나 누구도 글자를 읽지는 않았다. 그런데 맨 뒤에 있던 인턴이 한 글자 한 글자 또박또박 읽기 시작했다. 나는 작은 글씨로 모두의 이목을 집중시키는 것에는 성공했지만, 정작 스스로 읽어 말하게 하는 데는 실패했다. 그리고 인턴에게 왜 소리내 읽었는지 물었다.

"저는 그냥 여기 작은 글씨에 점들이 너무 많이 있어서 잘 안 보였어요."

나는 깜짝 놀라 그가 들고 있는 명함을 확인했다. 인쇄가 잘못

돼서 인쇄 점들이 글자 사이사이에 찍힌 불량 인쇄물이었다. 그 순간 깨달았다. 글자 사이에 점을 찍어 글자 하나 하나가 잘 식별되지 않을 때, 사람들은 본능적으로 그 찾은 글자를 읽는다. 물론 모두가 입으로 읽지는 않겠지만, 그래도 확률이 올라가는 방법임에는 틀림없었다. 다시 명함의 작은 글씨에 점을 찍고 육안으로 잘 보이지 않는 상태로 인쇄 작업을 시작했다. 그리고 아래층 디자인 회사 대표에게 부탁해 이 명함을 그 회사 직원들에게 나눠줬다. 열 명 중 네 명이 소리 내서 읽었다. 눈이 나쁘거나 잘 인지하지 못하는 사람에게는 읽은 사람이 손가락으로 가리키면서 소리 내 읽어 줬다. 눈이 나쁜 사람도 그제서야 "이게 그 글자야?" 하며 입으로 소리 내 읽었다. 실험은 끝났다. 이제 결전의 순간만이 남았다.

여러 우여곡절이 있었지만 클라이언트에게 완성된 명함을 전달했다.

명함을 사용한다고 했던 날 밤늦은 시각, 그는 내게 취한 상태로 전화를 걸었다. 프랑스에서는 있을 수 없는 무례한 상황이었다. 그는 취했지만 행복한 목소리로 한마디 했다.

"당신 말대로 됐어요! 모두가 입으로 말하며 읽었어요!"

후에 자세한 이야기를 들었는데 처음 명함을 줬을 때는 부정적인 피드백이 돌아왔다고 한다. 이런 명함은 거저 줘도 안 쓰겠다는 등의 피드백이 시작됐단다. 위험한 순간이었다. 게다가 명함 가격이 차 한 대 값이라는 말에 일부 지인은 급기야 분노했다고 한다. 그중 변호사였던 지인은 소송을 걸자는 말까지 했다니 아찔한 상황이었다. 우리 팀은 그 사교 모임에는 고객과 비슷한 나이대의 사람들이 많을 테니, 누군가는 돋보기를 가지고 있을 것이라 확신했다. 다행히 예상대로 돋보기를 들고 있던 사람이 뭔가 글씨 같다고 이야기했고, 모두들 돋보기를 돌려 보며 퀴즈를 맞히듯 글자를 읽었다고 한다.

모든 예상을 하더라도 미래는 알 수 없다. 결국 거의 모든 사람이 명함의 메시지를 입으로 소리내며 읽었고 우리의 '대신 말해 주는 명함' 디자인은 성공적이었다.

누군가는 결과만을 보고 번뜩이는 좋은 아이디어라고 하겠지만, 나에게는 메트로에서 낚였던 경험의 기록이 '대신 말해 주는 명함'으로 바뀐 순간이었다. 작은 기록 하나가 막혀 있던 내 문제를 해결해 줬다.

불완전함이 주는 힘

기록을 해 오면서 완벽함보다는 불완전함이 주는 힘이 있다고 믿게 됐다.

오래된 건축물을 답사할 때 아무것도 모르는 상태로 답사하면 자세히, 많은 걸 보지는 못하더라도, 선입견 없이 순수하게 볼 수 있다. 물론 사전 정보 없이 접하는 대상이기 때문에 잘못 이해할 수도 있지만 그래도 여러 의문을 갖고 새로운 시선에서 바라본다. 마치 소개팅하러 갈 때, 상대방 정보를 미리 다 알고 가는 것도 의미 있겠지만, 모르고 가는 설렘과 기대도 있는 것처럼 말이다. 모르고 가면 무엇보다 질문이 많이 생기고 편견 없이 보게 된다.

대학원생 때 한국 전통 사찰을 답사할 때도 그랬다. 숲 속에 자리한 전통 사찰을 답사하기 위해 아늑하고 따사로운 봄 햇살이 내리쬐는 돌길을 따라 걸어 들어갔다. 돌길에 핀 이름 모를 작은 들풀이 봄이 왔음을 알리려는 듯 힘차게 자라고 있었다.

어둑어둑한 천왕문을 지나서 만난, 세월의 흔적을 고스란히 간직한 돌계단. 그곳에 잠시 머물러 선조들이 만든 높은 계단의 끝을 바라보았다. 그리고 한 걸음 한 걸음 걷기 시작했다. 높은 경사의 돌계단을 오른 후 만나게 된 탁 트인 대웅전 마당에서 한숨 돌리고, 웅장한 대웅전의 지붕과 뒤편 산자락과의 조화로움에 깊은 감동을 느꼈다. 그리고 여러 가지 의구심이 생겨 노트에 기록했다.

2003. 6. 4.

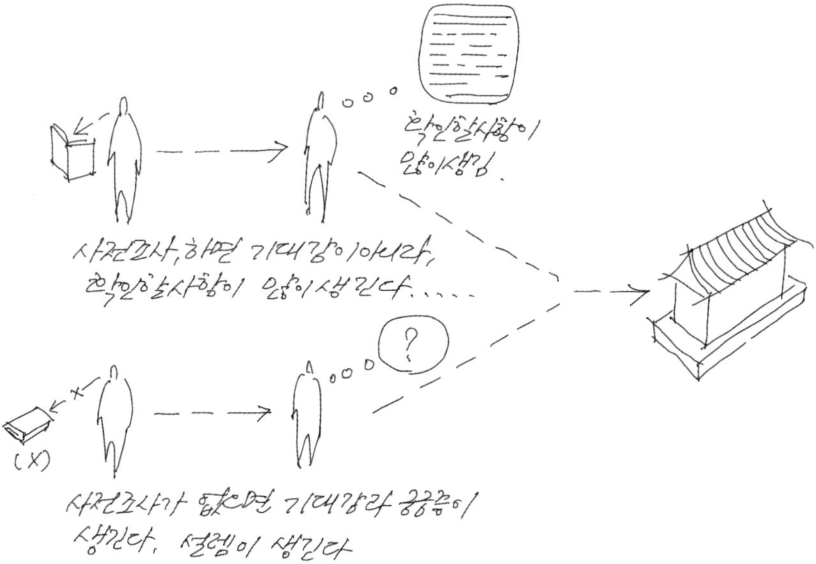

=

소개팅도 같은원리? 미리 알고가면 질문할거리가 없다. 그저 알고있는것을 확인할 뿐.....

아무런 지식 없이 답사를 나갔을 때 나는 전통 건축물이 주는 감정과 수많은 질문을 고스란히 느꼈다. 만약 미리 전문적인 지식을 공부하고 가서 접했다면 알고 있는 것들이 먼저 보이고, 확인하는 데 급급했을 것이다. 대웅전의 역사적 가치, 목조결부 방식, 계단의 구조, 전체 사찰의 배치…… 이런 지식이 내가 사찰에 대해 뭔가를 느끼기도 전에 내 머릿속을 가득 채웠겠지. 나는 사전 지식이나 준비 없이 맞닥뜨린 전통 건축 답사 덕분에 지금까지도 전통을 사랑하는 건축인이 됐다고 믿는다. 물론 한 번 사전 지식 없이 답사를 하고 난 다음 다시 방문할 때는 반드시 공부를 하고 간다. 처음 답사는 비어 있는 마음으로 봤다면 두 번째는 지식이 담긴 머리로 보는 것이기 때문이다. 그때는 전통 건축의 숨은 내용을 구석구석 본다. 철저한 준비 덕분에 실패나 과오를 줄일 수 있을지는 몰라도 대상과 나의 긴밀한 감정 교류와 다양한 사고 전환은 방해받을 수 있다.

또한 철저한 준비는 너무 많은 걱정거리를 줘서 도전이나 실행에 소극적으로 다가가게 만든다. 부족해도 많은 준비 없이 가벼운 마음으로 도전하고, 실패해 보고, 어려움을 겪어 보라. 이전에는 알 수 없었던 다양한 시선과 영감을 갖게 될 테니……. 그로 인해 분명 새로운 생각과 창작이 가능해질 것이다.

이탈리아 중북부에 위치한 중세 도시 시에나의 캄포광장을 방문했을 때의 일이다. 언제 또 올지 모르는 외국 여행이었기 때문에 한 번 볼 때 제대로 봐야 하고, 구석구석 자세히 보기 위해선 사전 조사가 반드시 필요하다. 하지만 그때도 나는 어떤 정보도 없이 그곳을 찾았다.

기차를 타고 시에나의 어느 한적한 역에 내려 캄포광장에 가기 위해 지도를 펼쳤다. 그런데 문득 '지도 없이 가 보는 건 어떨까?' 하는 생각이 머리를 스쳤다. 이탈리아인들은 광장은 어디로든 이어져 있다고 말하곤 한다. 불현듯 그 말이 생각났다. 어떻게든 걸어 보면 갈 수 있지 않을까 싶었다.

게다가 생각해 보면 먼 옛날 타국의 무역상이나 방문객들이 이 낯선 도시를 처음 방문했을 때도 어떻게든 광장을 찾아 들어섰을 것이다. 또한 그들에게는 시에나까지 오는 지도만 있었을 뿐, 그 도시 안의 길들을 안내하는 지도는 없었을 것이다.

오래전 시에나를 방문했던 그들이 된 기분으로 길을 잃기도 하고 묻기도 하면서 천천히 가면 광장을 찾을 수 있겠다는 생각으로 과감히 걷기 시작했다.

나는 건축가인 게 무색할 정도로 길치다. 그런데 지도도 없이 도시를 들어가려니 걱정이 앞서긴 했다. 고대 이탈리아 도시들은 길들이 미로처럼 복잡하기 때문에 길을 잃기가 쉬웠다. 그래도 한번 결심한 이상 해 보기로 했다. 그러나 30분도 되지 않아 어디가 어딘지 알 수 없게 됐다.

좁은 골목 주변으로 높게 서 있는 건물들 때문에 약한 빛줄기만 보일 뿐이었다. 그래도 무조건 걷다 보면 광장에 다다를 것이라 믿고 30분을 더 걸었다. 하지만 곧 나는 완전히 길을 잃었다고 시인할 수밖에 없었다. 무거운 배낭을 메고 한 시간을 헤맸던 터라 힘이 다 빠져 버렸다. 지친 다리를 쉴 겸 한 건물 벽에 기대 섰다. 그러고는 그대로 주저앉아 다시 생각에 잠겼다.

'이 도시에 처음 들어섰던 사람들은 어떻게 캄포광장을 찾았을까. 그들은 이 낯선 도시에서 어떤 경험을 했을까…….'

그렇게 조용히 눈을 감고 생각하던 중 어디선가 작은 웅성거림이 들려 왔다. 아주 희미했지만 분명 여러 사람들의 목소리였다. 깜짝 놀라 눈을 뜨고 어디서 나는 소리인지 확인해 보려 자리에서 벌떡 일어났다. 하지만 소리는 금세 사라져 버렸다. 주변에는 지나가는 사람이 한 명도 없었기에 잘못 들은 것이라 생각하고 다시 자리에 앉아서 눈을 감았는데, 또 작은 소리가 들렸다. 분명 광장에서 들릴 법한 사람들의 활기찬 웅성거림이었다. 벽에 반사돼 들린 것이라 확실치는 않았지만 어느 쪽인지 조금은 감이 왔다. 좀 더 확실하게 듣기 위해 땅바닥에 엎드려서 귀를 대고 그 작은 울림의 진원지를 찾았다.

뚜벅뚜벅…… 웅성웅성…… 탁탁탁탁…… 덜커덕덜커덕…….

분명 사람들의 발자국 소리, 이야기 소리, 뭔가 굴러가고 부딪치는 소리 같았다. 소리로 방향을 잡고 걷기 시작했다. 조금 걷다 보니 그 소리들이 점점 더 선명하게 들려왔다. 그리고 얼마 지나지 않아 몇몇 사람들을 만나게 됐고, 곧 많은 인파 속을 지나 세상에서 가장 아름답다는 캄포광장에 다다를 수 있었다.

2004.7.31
소리가 캄포광장으로
발걸음을 이끈다

만약 내가 지도를 들고 시에나라는 도시에 대한 사전 지식을 가진 채 방문했다면, 역에서 광장까지 도보 약 20분 정도 거리 속에 담긴 아름다움만을 볼 수 있었을 것이다. 그러나 준비 없이 본능적으로 발걸음을 옮긴 덕분에 길도 잃고 시간도 많이 걸리고 몸도 피곤했지만, 캄포광장으로 가는 아름다운 여정을 모두 마음속에 담을 수 있었다. 또한 도시에서는 소리가 낯선 방문객의 길을 안내한다는 사실도 내가 헤맨 그 시간을 통해 알게 된 보물이었다.

그렇게 도시를 바라보는 새로운 시선을 얻었다. 덕분에 다른 고대 도시들을 방문할 때도 엎드려 땅에 귀를 대거나 벽에 잠시 기대 눈을 감고 사람들의 발자국 소리와 울림을 통해 광장으로 이동하곤 한다. 지도는 필요 없다. 아무 준비 없이 무작정 맞닥뜨린 고대 도시 시에나에서 나는 도시와 소리의 긴밀한 관계를 몸으로 깨달았다.

준비 없이 맞이한 실패는 더 이상 실패가 아니다. 오히려 나만이 할 수 있는 소중한 경험이다. 자신 없이 시작했고 길을 잃었다고 생각한 순간에도 길을 찾는 데 성공했다. 불완전함에는 새로움이라는 힘이 있다.

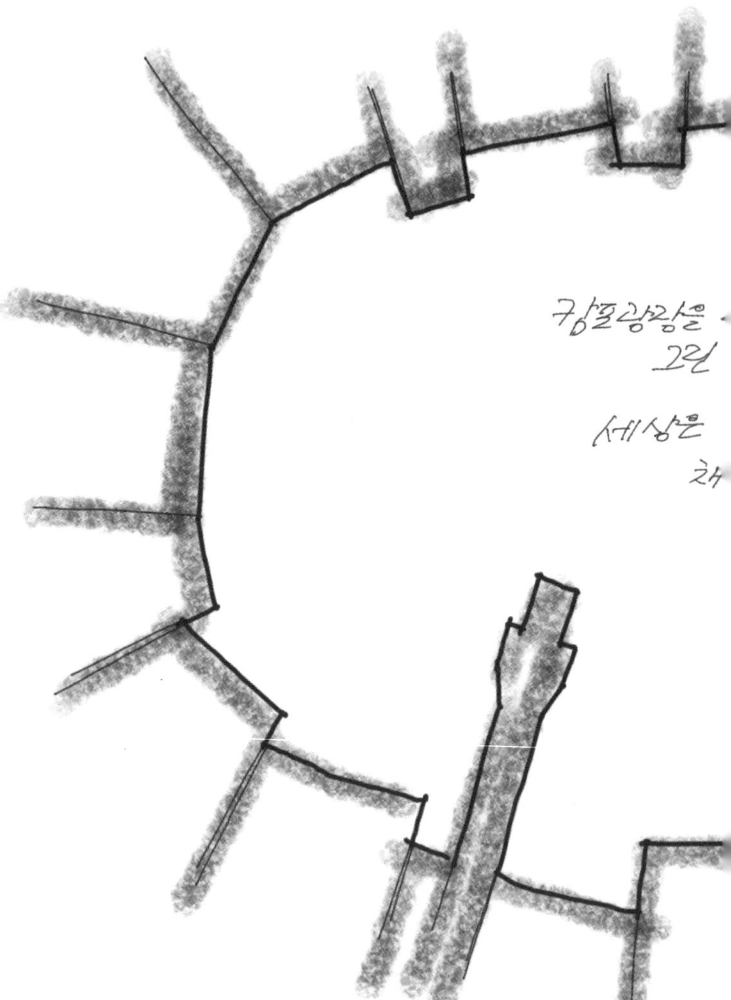
광호광장을
그린
세상은
채

2004.7.31

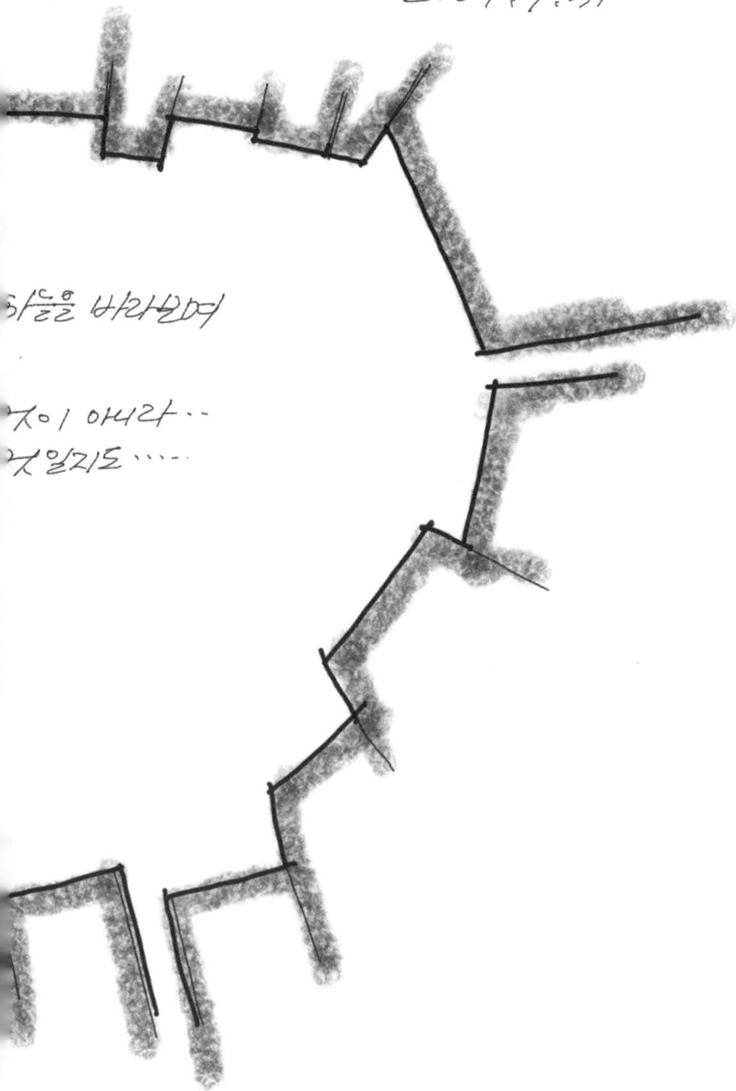

다섯,

엉뚱한 상상의 기록

준비된 상상이 현실이 되다

우리 회사는 소문이 나기 시작했다. 불가능하고 이상할 것 같은 생각을 디자인으로 만들어 낸다는 기괴한 소문이었다. 세상에 그런 건 없다. 단지 기록이 있기에 누구보다 다양한 생각이나 아이디어를 찾는 것뿐이다.

팀원들에게 메트로에 낚인 경험에 대한 기록이 '대신 말해 주는 명함'이 된 과정을 자세히 보여 줬다. 기록의 힘을 이해한 팀원들 모두가 기록을 시작하게 됐다. 그리고 이 기록을 좀 더 강제화하기 위해 신입들에게 기록을 해야만 하는 이유를 피력했다. 그러면서 검사는 하지 않겠지만 기록을 하면 급여에 보너스를 제공하겠다는 계약서를 썼는데, 이게 프랑스 노동법에 저촉된다는 걸 알고 서둘러 계약서를 변경했던 기억이 있다. 너무 나대도 문제가 생기는 법이다. 큰일 날 뻔했다.

여러 우여곡절이 있었지만 우리 프랑스 팀원들, 한국 팀원들 모두 기록을 한다. 이제는 회사의 문화로 자리 잡게 돼 더 이상 기록의 중요성을 언급하지 않는다.

어쨌든 소문을 듣고 많은 고객들이 찾아왔지만, 우리에게 제일 반가운 고객은 누가 뭐래도 '대신 말해 주는 명함'을 의뢰했던 그였다. 그는 이번에도 만만치 않은 의뢰를 들고 우리를 찾았다.

"제 친구 중 두 명이 유명한 출판사를 각자 운영해요. 경쟁사이긴 한데, 협력도 하면서 좋은 책들을 만들죠. 제가 초기 투자자라서 이 출판사에서 나온 책들을 항상 제게 보내요. 다른 큰 문제는 없는데, 가끔 한 친구가 너무 큰 책을 보내 와요. 그리고 다른 친구는 가끔 너무 작은 포켓용 책을 보내 오죠. 여기서 문제가 생깁니다. 저는 이 크기가 다른 두 종류의 책을 잘 정리하고 싶거든요. 그래서 어떤 책이든 완벽하게 받아 내 주는 책장을 의뢰하고 싶어요."

나는 그의 요구에 간단히 답했다.

"이건 의뢰하실 것도 없을 것 같네요. 그냥 큰 책을 넣고, 작은 책은 눕혀서 옆에 같이 놓으면 되잖아요?"

"그렇게 간단하게 생각할 게 아닙니다. 나는 책의 세네카(책의 제목이 적힌 측면)가 제대로 보이길 바라요. 어떤 사이즈의 책도 완벽하게 받아 주는 책장. 낭비되는 공간 없이요. 책을 눕히고 싶지는 않아요. 똑바로 세워 놓고 싶습니다. 그럼에도 큰 책과 작은 책이 서로 조화롭게 여백 없이 멋지게 진열되면 좋겠어요."

이번에도 그의 의뢰는 쉽지 않은 디자인이 될 게 분명했다. 솔직히 말도 안 되는 의뢰였다.

"솔직히 말씀드리면, 책의 크기는 모두 다를 텐데요. 책장은 규격이 있잖아요. 이건 말이 안 되지 않을까요? 그리고 제 본업이 건축인데, 이건 좀 더 전문적인 목수에게 의뢰하시는 게 어떠세요?"

"제가 보기엔 책과 책장의 관계가 사람과 집의 관계랑 같아 보여요. 어떤 사람이든 집은 그를 받아 주죠. 무리 없이요. 그렇다면 어떤 책이든 완벽하게 받아 줄 책장도 있지 않을까요? 이런 특별한 책장은 '사람과 집의 관계'를 이해하는 건축가가 만드는 게 맞을 것 같아 또 의뢰하러 온 거예요."

그의 말에 작은 울림이 있었다. 집과 사람, 책장과 책! 흥미로웠다. 결국 그 의뢰를 받았고, 이번에도 방법을 찾기 위해 휴가를 내고 집으로 갔다. 20년 넘게 기록해 온 내용들을 다시 읽기 위해서. '어떤 책이든 받아 내는 책장'이라는 새로운 관점을 갖고 노트를 뒤져 보기 시작했다. 이번에는 생각보다 쉽게 아이디어를 찾았다.

2007년 8월 4일, 나는《파리의 도시 계획 역사》라는 큰 책과 여러 건축 관련 전문 서적들을 사들고 아무 짐도 없던 텅 빈 집으로 돌아왔다. 프랑스에 처음 왔을 때는 파리가 아닌 프랑스 동부 스트라스부르에 살았다. 그 집에는 침대 빼고는 아무것도 없었다. 그래서 사 온 책을 그냥 바닥에 둘 수밖에 없었다. 책상도 의자도 책장도 없던 터라 이케아로 향했다. 최대한 저렴한 제품들로 골랐는데도 이미 예산을 초과했고 책장은 고르지 못한 채 남은 돈은 겨우 5유로, 한화로 7,000원뿐이었다. 이 돈으로 책장을 산다는 건 불가능했다. 하지만 나는 포기하지 않고, 이케아 직원에게 물었다.

"혹시 여기 책장 중에 뭔가 문제가 생겨서 팔 수 없는 게 있을까요? 혹은 엄청난 세일을 한다거나? 제가 가지고 있는 5유로로 살 수 있는 책장이 있을까요?"

직원은 나를 물끄러미 바라봤다. 책상과 의자 그리고 여러 물건들을 담은 카트를 꼭 쥐고 있는 나를 보며 말했다.

"이사 오셨나 봐요. 예산이 부족하신가 보네요. 5유로라고 하셨죠? 잠시만요. 제가 창고에 다녀올게요."

유럽에서 이케아 가구를 사는 젊은이들은 집에서 이제 막 독립하는 사람들이 대부분이다. 그래서 주머니 사정이 좋지 않다는 걸 누구나 알고 있다. 나 또한 그런 처지였다. 잠시 후, 직원이 웃으면서 내게 다가왔다.

"엄청난 행운이 기다리고 있었네요. 오래된 책장인데 재고가 하나뿐이어서 전시되지 않고 판매도 안 되는 상품이에요. 이런 경우는 직원 할인가 혹은 90퍼센트 세일로 판매가 되기도 합니다. 조금 올드한 나무 책장이지만 5유로에 사실 수 있을 것 같은데 어떠세요?"

그의 도움으로 저렴하게 나무 책장을 살 수 있었다. 무겁고 약간 낡긴 했지만 집으로 가져와 빨간 페인트를 사서 칠했다. 그러자 붉은색 책장이 됐다. 기쁜 마음으로 책을 책장에 꽂으려는데 문제가 있었다.《파리의 도시 계획 역사》라는 책이 너무 커서 책장 선반을 큰 책에 맞추면 책장의 아래 칸은 높이가 너무 높고 위 칸은 너무 낮았다. 결국 다른 책들을 아래 칸에 넣으면 공간이 크게 남았고, 위칸에는 제대로 세워 놓을 수 없을 만큼 낮아서 책을 눕혀야 했다. 결국 한 권의 큰 책 때문에 책장에 책들이 우습게 배열됐다.

어렵게 책장을 사 왔는데, 제대로 활용할 수 없게 되자 속상한 마음이 들었다. 그 속상한 마음으로 노트에 스케치 하나를 했다. 그땐 그저 아쉬운 마음에 뭐라도 적고 싶었다. 긴 책이 하나 들어갈 수 있게 책장의 수평 받침이 휘어지면 좋을 것 같았다. 그래서 말도 안 되는 마법의 책장이 되길 바라는 마음으로 해 둔 스케치였다.

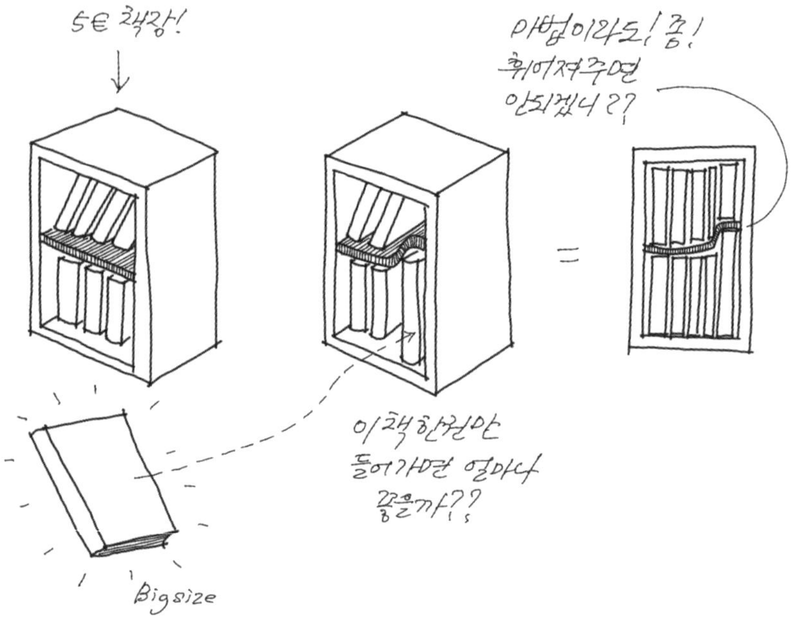
5€ 책장!
마법이라도! 좀!
휘어져주면
안되겠니??
=
이책한권만
들어가면 얼마나
좋을까??
Bigsize

이 스케치를 보는 순간, 고객이 요청한 모든 책들을 완벽하게 받아 내 주는 책장의 아이디어가 갑자기 떠올랐다. 수평 선반을 곡선으로 휘어지게 만들 수 있으면 어떨까 하는 것이었다. 그 휘어짐은 책의 크기에 따라 유연해야 한다. 대상의 형태와 크기에 따라 유연하게 반응해 줄 수 있는 재료는 뭐가 있을까? 하는 식으로 구상이 시작됐다.

우리 팀은 결국 '고무'를 선택했다. 그리고 고무를 고정할 수 있는 방법 등을 고민한 끝에 '유연한 책장'을 만들 수 있었다. 이 '유연한 책장'은 아무리 큰 책이라도 공간의 낭비 없이 완벽하게 정리할 수 있다. 우리 미션은 성공했다. 고객은 크게 만족했고 우리는 이번에도 독특한 디자인을 성공시킨 팀이라는 평을 받게 됐다.

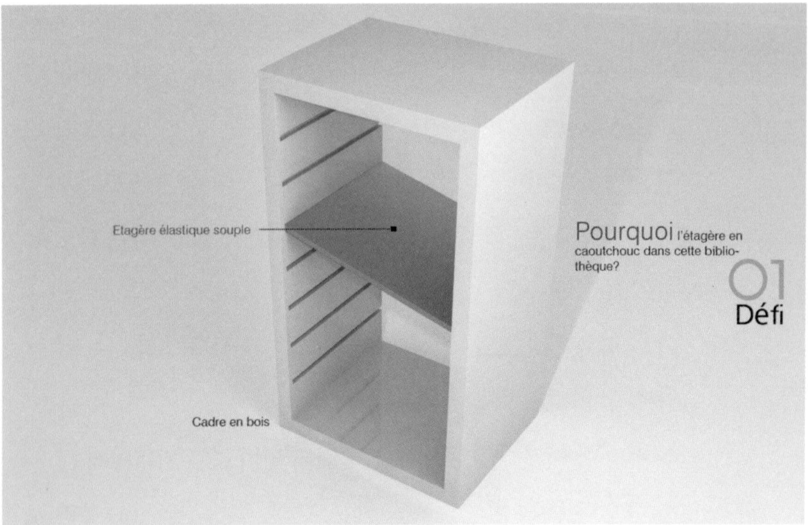

Pourquoi l'étagère en caoutchouc dans cette bibliothèque?

01 Défi

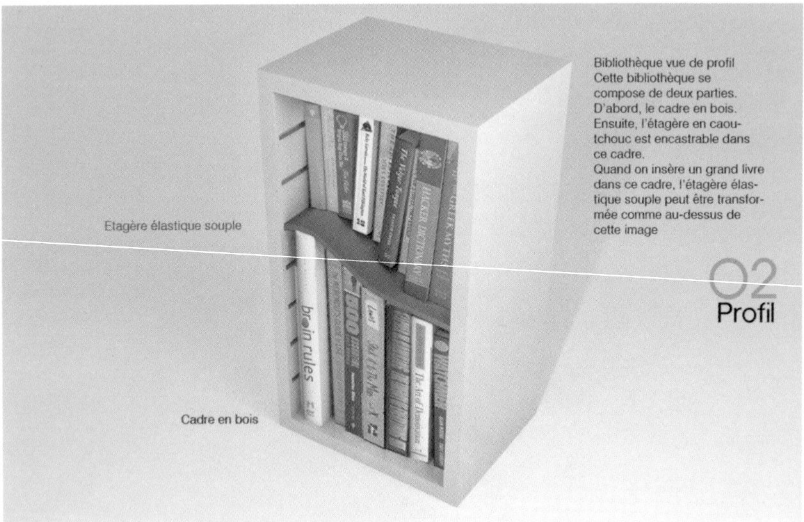

Bibliothèque vue de profil
Cette bibliothèque se compose de deux parties. D'abord, le cadre en bois. Ensuite, l'étagère en caoutchouc est encastrable dans ce cadre.
Quand on insère un grand livre dans ce cadre, l'étagère élastique souple peut être transformée comme au-dessus de cette image

02 Profil

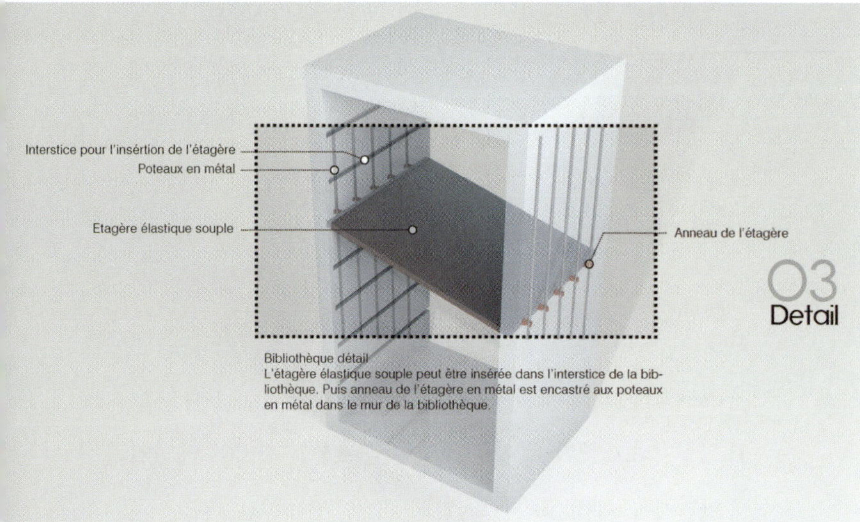
Interstice pour l'insértion de l'étagère
Poteaux en métal
Etagère élastique souple
Anneau de l'étagère
03
Detail
Bibliothèque détail
L'étagère élastique souple peut être insérée dans l'interstice de la bibliothèque. Puis anneau de l'étagère en métal est encastré aux poteaux en métal dans le mur de la bibliothèque.

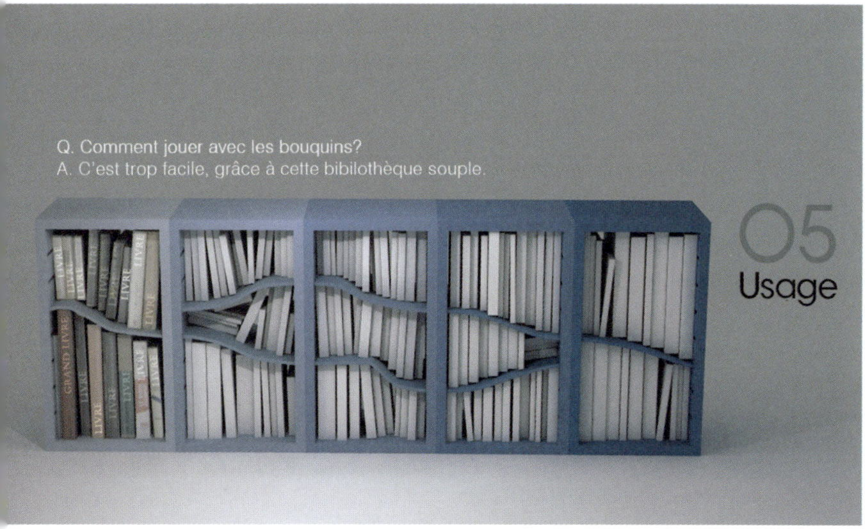
Q. Comment jouer avec les bouquins?
A. C'est trop facile, grâce à cette bibilothèque souple.
05
Usage

다섯 개의 책장을 제작하고 납품한 후, 한 달도 되지 않아 고객에게 다시 연락이 왔다. 처음 전화를 받았을 때는 뭔가 문제가 생겨서 연락이 온 줄 알았는데 그게 아니라 전혀 다른 새로운 프로젝트를 의뢰하기 위해서 한 연락이었다.

"이번에는 안 보는 책을 보게 하는 책장을 만들어 줄 수 있을까요?"

이쯤 되면, 우리를 괴롭히는 게 아닌가 싶을 정도였다. 안 보는 책을 보게 하는 책장의 목적은 본인과 가족들의 독서 편식을 고치기 위함이라고 했다. 안 보는 책을 골라서 보는 건 그저 개인의 선택 아닌가? 그래서 그에게 물었다.

"안 보는 책을 보는 건 독자의 자유의지 아닌가요?"

"물론 그렇지만, 그럼에도 책장이 마법처럼 안 보는 책을 보게 할 수 있지 않을까 싶어서요."

우리는 이 이상하고 낯선 또 하나의 프로젝트를 받아들였다. 이쯤 되면 우리의 상상력이 어디까지 실현될지 실험하는 기분마저 들었다. 이 아이디어 또한 기록에서 찾았지만, 이번엔 내 기록이 아니었다.

우리 팀원들은 서로 논의하고 각자의 기록에서 뭔가를 찾으려고 애썼다. 내가 먼저 말했다.

"익숙해서 한동안 잊고 있다가 다시 그 가치의 중요성을 깨닫는 과정처럼 만들어야 하지 않을까 싶어요."

그때 한 팀원이 대답했다.

"제가 최근에 겪은 일인데 도움이 될지 모르지만 이야기해 볼게요. 제 노트에 적어 뒀던 거예요……. 저희 집이 1층이라 정원이 보여요. 물론 제 개인 정원은 아니죠. 그래도 제 거실에서 보이는 정원이다 보니, 가끔 문을 활짝 열면 제 개인 정원인 것만 같았어요. 제 정원처럼 조금 꾸미고 싶어서 저렴한 토끼 석고상을 세 개 샀어요. 그리고 정원에서 뛰노는 것처럼 보이게 하려고 그 석고상들을 놓아 뒀죠. 자주 봤어요. 수시로 보고 볼 때마다 기분이 좋았어요. 그런데 어느 순간부터 제가 신경을 쓰지 못했어요. 너무 바쁘기도 했고, 힘든 일도 있었거든요. 3개월 이상 정원이 보이는 창을 신경 쓰지 못했던 것 같아요. 정원을 보기 위해서가 아니라 잠깐 환기시키기 위해 살짝 열어 둔 게 전부였죠. 창을 열고 잠시 앉아서 사색을 하지 않은 지 3개월이 지났던 거예요. 그러던 어느 날 정원을 살짝 보는데, 뭔가 낯설었어요. 자세히 보니, 토끼 석고상들이 없더라고요. 순간 너무 짜증이 났죠. 물론 개인 정원이 아니다 보니 누구나 들어올 수 있는 곳이긴 한데 모두 이웃이잖아요. 누가 훔쳐 간 건지 아니면 어디로 간 건지 온갖 상상을 하며 창문을 활짝 열고 살폈어요. 그래도 없더라고요. 사라진 토끼들을 찾아야겠다는 생각에 정원으로 뛰어갔어요. 정원을 이리저리 뒤져 보는데, 세상에 토끼들이 모두 제자리에 있는 거예요. 단지 풀이 너무 길게 자라서 토끼들이 가려진 것이었죠. 그때 깨달았어요. 항상 보이던 게 보이지 않게 되면 찾게 된다는 걸요."

이 이야기를 들은 다른 팀원이 물었다.

"음…… 이 이야기를 어떻게 연결할까요? 음…… 이건 좀 아니지 않나요?"

우리 팀 회의에서는 그 어떤 부정적인 리액션도 허용하지 않는다. 부정이 아닌 다름으로 표현해야 한다는 규칙이 있었다. 그 팀원은 적어도, 이렇게 말했어야 했다.

'그 이야기를 어떻게 연결할지 고민해 봐야 프로젝트에 연결될 수 있을지 아닐지 알 것 같아요…….'

아니라는 말은 하지 말아야 했다. 우리 팀의 규칙대로 그를 회의에서 내보냈다. 무정하게 보일 수도 있지만, 나도 가끔 실수로 부정적인 대답을 했다가 스스로 나간 적도 있다. 이 회의에서만 퇴출이며, 다음 회의부터는 참석이 가능하다.

팀원이 나가자, 분위기는 냉랭해졌다. 분위기를 바꿔 볼 심산으로 엉뚱한 이야기를 던졌다.

"풀이네요. 풀이 좋았네요. 우리도 책들을 바깥 정원에 던져 두고 풀이 책을 숨길 때까지 기다리면 좋겠네요. 흥미로운 생각이에요."

팀원들이 어색한 웃음을 지으면서 분위기가 풀리려는데 새로 들어온 인턴이 생각을 전환할 만한 한마디를 했다.

"인턴이라 잘 몰라서 하는 말일 수도 있는데요. 방금 하신 이야기요. 정원을 책장으로 바꾸면 안 될까요? 책장에 책을 꽂아 두었는데 풀이 자라서 책을 숨기는 거죠."

그의 이야기에 다른 팀원이 꼬리를 물듯 말했다.

"책장에 화분! 그럼 풀을 심을 수 있죠."

"물이 문제니깐 최대한 물을 잘 안 먹는 풀로!"

"그 풀은 무조건 자라면 책이 다 안 보일 테니, 자라는 걸 컨트롤할 수 있는 풀?"

"저 집에서 로즈마리 허브를 키우는데 이상하게 남편 건 잘 자라고 제 허브는 안 자라더라고요. 나중에 알고 보니 허브는 손으로 만지면 향을 내뿜는데 그게 위협을 감지해서 그런 거래요. 그래서인지 만지면 잘 안 자라요."

"자주 보는 책 앞의 허브는 잘 안 자라겠네요. 수시로 책을 꺼내면서 만지게 될테니까요. 그러나 자주 보지 않는 책은 허브가 잘 자라서……."

"책을 가리겠네요. 숨기겠네요."

아이디어가 나왔다. 책장 앞에 허브를 심어 자주 보지 않는 책을 숨기는 책장, '허브 책장'을 만드는 것이다.

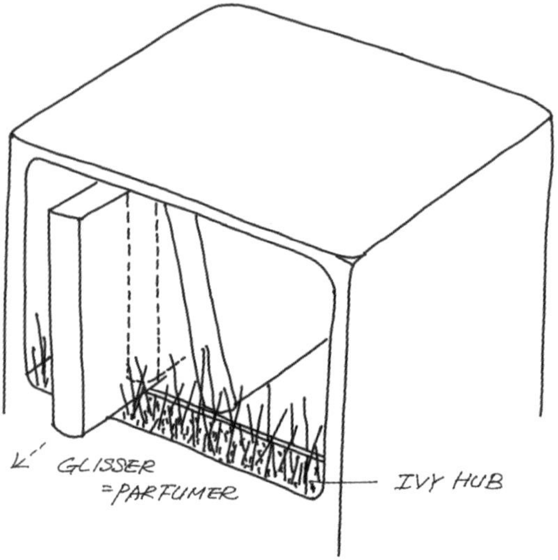
GLISSER
=PARFUMER
IVY HUB

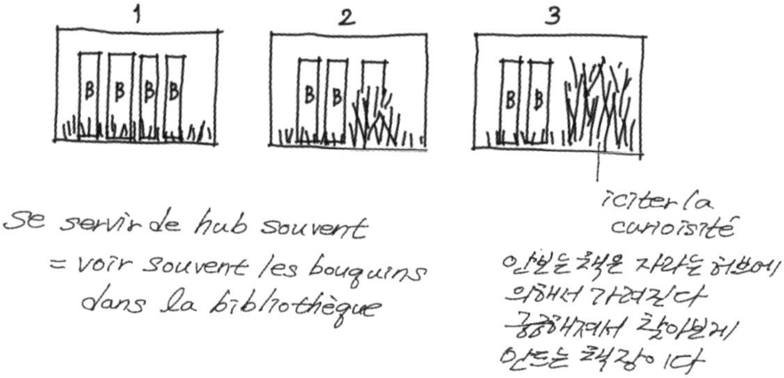
1
2
3
B B B B
B B
B B
iciter la
curiosité
Se servir de hub souvent
= voir souvent les bouquins
dans la bibliothèque
안보는 책은 자라는 허브에
의해서 가려진다
궁금해져서 찾아보게
만드는 책장이다

팀원이 적어 둔 정원의 토끼 석고상 이야기를 통해 아이디어의 단서를 찾았고, 그 경험을 여러 사람과 함께 긍정적인 태도로 서로 주고받으면서 아이디어가 만들어졌다.

세상에 쓸데없는 이야기는 없다. 가치 있는 아이디어의 시작은 쓸데없는 날것의 이야기에서 시작되는 게 대부분이기 때문이다. 만약 날것의 이야기를 던진 주니어에게 경험 많은 시니어가 핀잔을 주거나 반대하면 다시는 주니어의 이야기를 들을 수 없다. 회의는 누구나 헛소리를 할 수 있는 분위기여야 한다. 그래야 아이디어가 샘솟듯 나온다.

물론 그 팀원들이 기록이라는 무기를 가지고 있는 게 좋다. 그렇지 않으면 인터넷에서 검색한 내용들을 이야기할 테니까. 그건 새로운 것이 아니라 가장 대중적이며 기능적인 아이디어일 뿐이다. 우리는 세상을 바꾸거나 위대한 아이디어까지는 아니어도, 특별한 생각을 아이디어로 바꿀 수 있는 팀이다. 이 모든 건 함께 다른 방식으로 기록을 하고 있기에 가능한 일이다.

꿈을 꿔라

요즘처럼 불경기에 힘들고 고통스러운 시간을 보내고 있는 많은 사람들에게 과연 꿈 이야기를 하는 게 맞는지는 모르겠다. 어쩌면 오늘보다 더 힘든 시기가 다가올지도 모르는 상황에서 꿈은 마치 허공에 울리는 의미 없는 메아리처럼 들리기 때문이다. 이제는 꿈을 밖으로 쉽게 말하지 못한다. 대신 마음속으로 늘 꿈을 떠올리며, 내가 맞는 길을 가고 있는지 스스로에게 물을 뿐이다. 꿈을 말하지 않게 된 이유는 젊은 사람들의 고통이 너무 선명하게 느껴지기 때문이다. 회사에서 함께 일하고 있는 젊은 직원들을 봐도 꿈이라는 단어가 쉽게 나오지 않는다. 오히려 어떻게 하면 안정될 것인가에 대한 이야기만 가득하다. 더 이상 꿈을 이야기하지 않는 시대, 더 이상 모험을 시작하지 않는 시대이지만, 그래도 나는 언젠가 다시 꿈의 시대가 돌아오리라 믿는다. 꿈이 헛된 망상이 아니라 자기 인생을 자신의 것으로 사는 방법임을 인정하는 시대는 반드시 온다. 그래서 꿈에 대한 이야기를 해 보려 한다.

꿈에 관한 내 기록은 꽤 방대하다. 찾는 여정부터 확인의 과정까지 빼곡히 적어 뒀다. 건축가, 화가, 조각가, 작가, 과학자, 변호사 등 우리의 꿈들은 대개 명사화돼 있다. 그러나 이런 구체적인 직업을 정하기 전까지 우리의 꿈은 동사였다. "그림을 그리는 게 좋아요", "로봇을 만들고 싶어요", "만드는 게 좋아요" 등등 우리의 어릴적 꿈은 이랬다. 그런데 어느 순간부터, 그림을 좋아하니 화가, 로봇을 만들고 싶으니 과학자, 만드는 게 좋으니 디자이너, 혹은 조각가가 되어 버렸다. 지금 생각해 보면, 어떻게 그림 그리는 걸 좋아하는 어린이의 꿈이 화가뿐일까 싶다. 그리는 도구는 붓도, 손도 될 수 있다. 그림 그리는 게 좋다고 말하던 한 친구는 모두의 예상과 달리 화가가 아닌, 팬터마임 예술가가 됐고, 내게 언제나 세상에서 가장 아름다운 붓은 사람의 손이라고 말한다.

"나는 세상에 나만의 그림을 그리고 싶었어. 나의 몸짓으로……."

나는 뭔가 특별한 생각을 실제로 만들어 보는 걸 좋아했다. 주변에서는 나의 이런 장점을 건축가로 정의했다. 나는 건축가가 돼야만 내 꿈을 이루는 것이라 생각해 건축가가 되기 위해 노력했고, 건축가가 됐다. 그럼에도 나는 그다지 행복하지 않았다. 사람들은 그걸 그저 현실이라고 했다. 꿈이 현실이 되는 순간은 고통스러운 것이라고 했다. 그리고 꿈과 달리 현실은 돈이라고 덧붙였다. 먹고살아야 하기 때문에 꿈보다는 현실을 보고 돈을 벌어야 한다고.

건축가가 됐지만 독특한 내 생각을 구현해 낼 기회는 많지 않았다. 그러던 중 한 디자이너를 만나게 됐고, 그가 하는 작업이 내 꿈과 더 흡사해 보였다. 주저할 틈 없이 디자이너로서의 삶에 도전하게 됐다. 꽤 시간이 지난 후에 느낄 수 있었다. 직업이 주는 틀이 얼마나 나를 부자연스럽게 만드는지. 지금은 비공식적이지만, 화가로서 그림도 그리고 있고, 책을 쓰는 작가로도 활동하고 있다. 건축가와는 달리 디자이너나 화가, 작가는 자격증이 없다. 이런 점이 나의 도전에 더욱더 힘을 실어 줬다. 그러나 동시에 어떤 교육도 받지 못한 무지랭이다.

이제 나는 직업이 사라졌다. 나는 건축가도 아니고, 디자이너도 아니고, 화가도, 작가도 아니다. 그런데 또 모두 다일 수도 있다. 내 이런 상황을 아는 지인들이 종종 묻곤 한다.

"그걸 다 할 수 있어? 능력 좋은데? 너무 바쁘겠다."

"최고여야 한다는 생각만 버리면, 너도 할 수 있어. 내가 디자이너라고 해서 세계 최고의 디자이너여야 할 필요는 없잖아. 화가도 훌륭한 화가가 되는 게 꿈이 아닌 이상 어려울 건 없다고 생각해! 물론 건축가도 세계적인 건축가가 꿈은 아니야! 내 꿈은 '내 생각을 만들어 내는 것'이야. 거기 필요한 직업들이 건축가, 디자이너, 화가인 것 같아."

"돈은 어떻게 벌어?"

디자인, 그림이 내게 벌어 주는 돈은 터무니없이 적다. 돈을 바랐다면 애초 이런 도전 없이, 열심히 건축만 했을 것이다. 아니 어쩌면 장사를 했을지도 모른다. 돈을 벌려고 했다면……. 나는 이렇게 답했다.

"많이 벌어야 한다는 생각만 버리면, 좀 더 자유로워질 수 있어. 건축가로 일해서 번 돈으로 다른 도전을 하고 있지. 처음엔 손해처럼 보였지만 결국 모든 직업이 연결된 것 같아. 실제로 내 디자인 작품을 보는 사람들은 내가 건축가의 사고로 만들기 때문에 좀 더 관심 있어 하고, 내 그림 역시 정식 화가가 아닌 건축가의 작품이라 뭔가 다르다고 느끼는 것 같아. 이 점이 나를 나타내는 나만의 개성이겠지. 그리고 무엇보다 이런 작업들이 나를 지루하지 않게, 행복하게 해 줘."

건축사 자격증이 없어도 건축을 할 수 있는 시대가 왔다. 돈 많은 디자이너가 건축사무소를 열고 건축사를 고용해서 자신이 원하는 형태를 현실화시킨다. 그 디자이너의 작품이 도시에 대한 이해 부족으로 도시 미관을 해치거나 부작용을 야기할 수도 있지만 이는 무지한 건축가도 충분히 저지를 수 있는 과오다. 오히려 건축가가 보는 건축과는 다른 시선을 제공한다는 점에서 흥미로울 수 있다. 다시 말해, 디자이너가 본 디자인은 건축가가 본 디자인과 다를 수 있고, 화가가 본 예술 작품은 건축가나 디자이너가 보는 예술 작품과는 다른 시선과 관점을 갖고 있다. 그러나 동시에 이 다른 시선과 관점의 교차점이 있다. 다른 관점은 창의적인 아이디어로 이어지곤 한다.

여러 분야에서 직접적인 체험을 하고 내가 원하는 '만드는 것'에 충실하면, 나는 어떤 사람이 될까? 가끔 내게 직업은 뭐냐고 묻는 사람들에게 나는 이렇게 답한다.

"나의 직업은 백희성입니다!"

그 어떤 직업도 나를 완벽히 표현할 수 없기 때문이다. 미켈란젤로, 라파엘로, 다 빈치…… 그들의 직업은 무엇인가? 화가, 건축가, 예술가, 작가, 조각가 등등……. 물론 그들처럼 최고의 작품을 만드는 건 천재성에서 비롯된다. 그런데 천재성에만 집중하지 말고 다른 걸 한번 보자. 그들은 자신이 원하는 삶 속에서 직업을 선택하며 살아갔다. 순수하게 뭔가 새로운 걸 만들고자 하는 의지가 있었고, 그 대상이 조각도 되고, 건축도 되고, 그림도 됐다. 그들은 직업을 원한 게 아니다. 인간은 직업 위에 군림할 수 있다.

막연히 연봉 높은 대기업에 들어가고 싶다는 생각을 지닌 사람과, 대기업이든 중소기업이든 내가 원하는 어떤 특별한 경험을 쌓고 싶다, 그리고 앞으로도 내가 원하는 일을 해 보고 싶다, 나만의 삶을 살 것이다, 라고 생각하는 사람은 조금 다른 삶을 살게 된다. 특별한 길을 가지 않고 모두가 가는 안정적인 길로 가면서 특별한 인생을 살고 싶다는 건 말이 안 된다. 모두가 이상적인 길이라고 생각하는 길로 가서는 특별해질 수 없다.

물론 한 가지 직업을 평생 이어 가면서, 자신의 꿈을 키우는 것도 가치 있고 훌륭한 일이다. 하지만 여러 직업을 경험하고 완벽히 잘해 내지 못했다고 비난받을 일도 아니다. 반드시 완벽하게 할 필요는 없다. 다양한 도전 속에서 누구도 겪어 보지 못한 걸 배울 수도 있고, 특별해져 가는 자신을 발견할 수도 있다.

한국 사회의 문제점 중 하나는 뭐든 한번 하면, 최고가 돼야 한다는 강박관념이다. 최고가 아니라 스스로의 만족에 초점을 맞추면 모든 게 자유로워진다. 최고가 되기 위해 달린다면 경쟁을 피할 수 없다. 살벌한 경쟁 속에서 최고가 되기 위해 달려 온 순간들이 정신없이 빨리 지나간다. 나중에는 왜 달리는지도 알 수 없다.

결과가 주는 행복을 위해 지금의 고통을 버티다 보면, 결과가 틀어지자마자 불행이 빠르게 다가온다. 열심히 살아도 경쟁 사회에서는 자연히 다수의 패배자, 낙오자가 발생한다. 열심히 사는 나라의 자살률이 OECD 1위인 이유는 바로 여기에 있다. 내가 선택한 직업에 최선을 다했지만, 계속되는 나쁜 결과들 속에서 점점 자신을 잃어 간다. 결과는 나쁠지 몰라도, 선택한 일이기 때문에 즐겁게 한다면, 점점 자신을 찾아갈 것이다. 안타까운 점은 주변의 시선들이 이 사람을 동정하거나 비난한다는 점이다.

10억 소녀, 100억대 자산가를 바라보는 사회. 결과는 곧 재력을 의미한다. 자신이 원하는 직업을 선택했지만 1년 수입이 몇백만 원인 사람은 불쌍하게 본다. 그가 돈을 많이 못 번다고 해서 그의 삶이 불행한 게 아닌데, 사회도 미디어도 모두 이 삶을 불행하다 말한다. 적어도 집과 최신형 자가용, 고연봉의 안정된 직장이 있어야 행복하다고, 행복할 것이라고 믿고 있고, 믿게 만든다. 이게 틀렸다고 생각하는 사람이라 하더라도 그 경쟁 틀 속에서 빠져나올 용기를 갖기란 쉽지 않다. 그래도 최근 들어 그 용기를 내는 사람들이 점점 늘고 있다. 내가 못 한다면 적어도 용기를 낸 사람을 방해하지는 말자!

"이렇게 경기가 안 좋은데, 잘 다니던 직장 관두고 무슨 도전? 무슨 창업? 정신 차려!"

이렇게 방해하지 말라는 말이다. 자신도 해 보지 못한 도전을 덮어놓고 비난하지 말아야 한다. 어떤 이들은 조언이랍시고 용기를 무참히 꺾는 잔인한 입방정 칼질을 휘두른다. 조언은 상대가 바라는 상황에서는 좋은 약이지만, 상대가 바라지 않을 때는 독약이다. 오히려 이렇게 말해야 하는 게 아닌가?

"이렇게 경기가 안 좋은데 그렇게 선택했다니…… 의지가 느껴져. 나라면 도저히 할 수 없었을 도전인데, 그 도전 응원할게."

우리는 모두 다른 꿈, 다른 삶을 살아야 한다. 개개인은 모두 특별하다. 스스로의 꿈을 정의하고, 실천에 옮길 권리는 다른 누구도 아닌 자신에게 있다. 꿈은 정확하게 정의 내릴 수 있는 단어가 아니다. 무수히 많은 미사여구가 붙어 다양한 의미를 담을 수 있다. 저마다 다른 의미를 갖는다. 반면 직업은 정의가 비교적 구체적이고 정확하다. 자신의 별모양 꿈을 직업이라는 네모 틀 속에 욱여넣고 꿈을 직업에서 찾는다면 왜곡되고 구겨진 형태만 보게 될 것이다. 자신의 꿈을 위해 여러 직업을 선택적으로 이용하며 나아간다면 꿈은 경계 없이 자유롭게 커져 갈 것이다.

우리가 꿈에 대해 말하지 못했던 건 어쩌면 직업과 혼동했기 때문일지도 모른다. 적어도 동사형 꿈을 가진다면, 세상이 어떻게 변하고, 어떤 직업이 생기거나 사라지고, 어떤 상황에 처하더라도 이겨 내며 꿈을 이룰 수 있을 것이다. 아니 그 혼란한 순간조차 꿈을 위한 경험으로 사용할 수 있을 것이다. 세상의 모든 직업은 나의 꿈을 위한 도구일 뿐이다. 직업은 바꿀 수 있지만, 나의 꿈은 방향을 찾아서 나아가야 한다.

PART 3

나만의 기록

나의
기록법

20년 넘게 기록을 해 오면서 기록에 대한 나만의 방법이 자연스럽게 생겨났다. 일정한 방식으로 적고 있는 기록을 보면서 깨달은 것이다. 수많은 대기업에서 기억에 대한 강연을 했고, 대학교에서 학생들을 지도할 때도 기록법에 대해 이야기해 왔다. 기록을 처음 하는 사람들이 공통적으로 물어보는 게 있다.

어떻게 처음 기록을 시작하는가?

그리고 어떤 식으로 적어야 하는가?

어떻게 적어야 하는지에 대해서는 정해진 방법이 없다고 생각하지만, 처음 기록을 시작하는 사람에게는 그조차 막막하고 답답할 수 있다. 나 또한 그런 답답함을 경험한 적이 있어서 내 개인적인 방식을 소개해 보려 한다.

무엇을 적을까

먼저 무엇을 기록했는지 보면 여섯 가지로 정리할 수 있다.

1. 부정적인 생각들
2. 나와는 다른 사람의 이야기들
3. 잊혀 가는 기억과 역사
4. 불완전한 경험
5. 깨달은 것들
6. 편견

첫째, 부정적인 생각은 내가 미처 보지 못한 방향으로 여정을 열어 준다. 지금도 그런 생각이 떠오르면 주저하지 않고 노트에 적는다. 언제 해결될지 몰라도 일단 남겨 둔다. 당장 결과를 기대하며 기록하면 금세 지칠 수 있다. 천천히 적고 잠시 잊는 편이 낫다. 적어 두면 감정과 거리가 생겨 부정적인 생각을 더 객관적으로 바라볼 수 있다. 이제는 부정적인 생각을 '관점의 변화'로 받아들이고, 나의 생각에 그치지 않고 타인의 부정적 목소리도 함께 적고 있다. 그렇게 쌓인 기록을 다른 관점에서 다시 보면, 부정의 양이 조금씩 줄어든다. 어느 순간에는 부정적인 생각이 거의 사라졌음을 느낀다. 그리고 마침내 스스로가 긍정으로 바뀌었다는 걸 알아차리게 된다. 부정적인 것들을 적었을 뿐인데, 긍정적인 사람이 되고 다른 관점을 갖게 됐다. 이제 부정적인 것들이 내겐 보물처럼 다가온다. 부정적인 생각을 머릿속에 두지 말고, 기록해 두자. 그럼 부정적인 생각이 밖으로 나간다. 나는 기록을 통해서 그렇게 확신하게 됐다.

둘째는 나와는 여러 가지 면에서 다른 사람들의 이야기를 적는 것이다. 내 이야기를 적으면서 스스로 성장하는 걸 많이 느꼈다. 그리고 그 성장을 더 가속화할 방법으로 나와 다른 사람의 이야기를 적게 됐다. 결과부터 말하자면, 대성공이었다. 다른 사람의 생각을 적고 그 생각을 발전시키면 어떻게 될까? 하루는 옷을 만드는 친구가 내게 재미있는 이야기를 해 줬다.

"직물은 참 신기해. 실을 바늘에 꿰어 옷을 만들잖아. 그런데 가끔 이런 생각이 들더라. 바늘이 지나간 자리에 실만 남잖아. 직물도 실로 만든거니까…… 모두 실만 남는 거야. 너무 신기하지 않아?"

그의 이야기를 적어 뒀고, 혼자서 10년 동안 이 생각에 생각을 더해 갔다.

"실을 꿴 바늘이 지나간 자리는 아픈 고통이지만 결국 시간이 흘러 남는 건 실뿐이다."

"바늘은 인생의 역경, 실은 우리 삶 아닐까? 어쩌면 역경은 시간에 소멸돼 잊히고 단단한 삶만 남는 것 아닐까?"

정말 많은 생각들이 꼬리에 꼬리를 물며 노트를 채웠다. 그리고 너무 궁금해진 나머지 개인적으로 옷 만드는 법을 배웠다. 물론 전문적으로 배운 건 아니지만, 그렇게 옷에 대한 수많은 생각이 모였고, 최근 옷에 관한 소설을 쓰게 됐다. 참 신기한 일이다. 옷을 만드는 친구의 이야기를 그저 노트에 적고 가끔 보면서 생각을 덧붙이고 했을 뿐인데…… 옷에 관한 소설로 완성되다니. 상상도 못 한 일이지만 기록을 통해 가능했고 지금도 새로운 장르의 글을 쓰는 데 큰 도움이 되고 있다.

셋째는 내가 특히 중요하다고 여기는 주제, 바로 잊혀 가는 기억과 역사다. 역사는 누구에게나 열려 있는 거대한 아이디어의 보고다. 그런데 우리는 왜 그 풍부함을 온전히 쓰지 못할까? 장벽은 언어다. 동서양의 고전 대부분은 오늘날 우리가 쓰는 언어와 거리가 있는 고전 문자—한자와 라틴어—로 기록돼 있다. 인간은 길어야 100년을 살고, 온전히 사회에서 활동하는 시간은 약 50년에 불과하다. 지혜는 유전되지 않는다. 그래서 새로 태어난 우리는 매번 배워야 하고, 시행착오를 통해 성장한다. 그 결과, 시대가 바뀌어도 부모 세대의 과오를 다시 겪곤 한다. 이 악순환을 줄이는 가장 단순하고도 확실한 방법이 고전을 읽고, 또 적는 일이다. AI가 세상을 뒤바꾸는 지금도 많은 리더들이 《손자병법》, 사마천의 《사기》 같은 고전을 권하는 이유가 여기 있다. 인간관계와 삶의 구조는 1,000년 전이나 지금이나 크게 달라지지 않았다. 고전은 공짜다. 쓰지 않는다면 누구 손해일까? 그래서 오늘도 조금씩이라도 고전을 읽고 기록한다.

넷째는 경험이다. 특히 실패하거나 과오를 통해 얻은 경험을 정말 중요하게 인식하고 기록했다. 솔직히 나쁜 경험이 있을 수도 있지만, 도덕적·법적 문제가 되지 않는 범위에서의 경험은 모두 중요하다고 생각한다. 기록해 놓은 노트를 살펴볼 때마다 느낀다. 결국 가장 중요한 건 내가 겪은 경험이다. 경험이 미천하고 대수롭지 않은 것일지도 모르지만 남들과 다른 경험들이 쌓이면 인생 자체가 달라질 수 있다. 우리가 드라마의 주인공을 사랑하는 이유는 바로 그가 겪은 힘든 경험 때문이다. 당시에는 힘들고 고통스럽지만 그 경험이 결국 그를 성장시켜 가는 과정을 보며 감동 받는다. 경험은 나를 키우는 거름이다. 그리고 그 경험을 노트에 적고 고민하고 발전시키고 발효시킨다면 결과를 얻게 될 것이다. 누구도 예상하지 못한 결실, 나조차도 예상 못한 인생의 멋진 결실이 기다릴 것이다.

다섯째는 깨달은 것들이다. 우리는 모두 망각의 동물이다. 모든 기억은 왜곡될 수밖에 없다. 우리는 그렇게 만들어진 생명체다. 덕분에 우리는 시간이 약이라는 생각으로 인생을 이어 간다. 그러나 이런 기억의 오류로 인해 정작 중요한 깨달음이나 감동적인 순간도 함께 잊히거나 왜곡될 수 있다. 이를 막는 방법은 역시 기록이다. 프랑스에서 심리 상담을 받은 적이 있다. 심리학 박사

크리스토퍼는 기억에 대해 내게 이렇게 설명했다.

"우리가 한 달에 서너 번 정도는 소름 돋게 감동을 받거나 깊은 깨달음을 얻게 됩니다. 그리고 그 순간에 다이도르핀, 즉 감동 호르몬이라고 불리는 호르몬이 나오죠. 엔도르핀보다 약 4,000배 강력한 효과를 가졌다고 해요. 그런데 우리는 다음 달이 되면 모두 잊어버려요. 단지 감동을 받았던 느낌만 남을 뿐 기억이 나지 않죠. 자! 지난달 다이도르핀이 나온 감동의 순간을 이야기해 줄 수 있나요?"

나는 대답하지 못했다. 기억이 나지 않았다. 그러나 감동받은 순간을 기록할 때마다 그날이 떠올랐다. 기록한 내용을 보면 감동받은 순간이 다 떠오르는데 이것도 기억의 왜곡인지 궁금해서 물었다.

"기록하면 뇌는 그 내용을 중요하게 다룹니다. 그리고 각인 효과까지 남겨 두게 되죠. 기억의 구조화 덕분입니다. 기록은 기억을 거의 완벽하게 보존하는 방법인 셈이죠."

그의 이야기를 듣고 나는 감동 받을 때마다 노트를 펼친다. 그 순간을 놓치지 않기 위해서다.

마지막은 편견이다. 편견은 부정적인 생각과는 조금 다르다. 부정적인 생각은 자신 · 상황 · 미래를 비관적으로 해석하는 일시적 사고 경향으로, 맥락 의존적이고 개인 내부에서 발생 · 소멸한다. 하지만 편견은 충분한 근거 없이 특정 집단(성별 · 인종 · 직업

등)이나 그 구성원에게 고정적으로 내리는 선입견으로, 일반화·고착화해 쉽게 사회적 행동(차별)으로 이어진다. 좀 더 쉽게 설명하자면, 우리가 근거 없이 특정 대상을 무분별하게 싫어하는 것을 말한다. 예를 들어, 나는 게으른 사람이 싫어,라고 하는 것도 편견이다. 그렇다고 싫은 감정을 부정할 수는 없다. 단지 편견이 아니게 만들어야 한다. 생각을 바꾸면 된다. 아주 간단하다. '싫다'를 의문문으로 바꾸면 된다. 그리고 그에 대한 대답도 질문으로 하면 된다.

'나는 왜 게으른 사람을 싫어할까?'

'게으르면 일을 제대로 하지 않잖아?'

'게으름이 일과 관련 있는 거야?'

'게으르지만 일을 잘할 수도 있잖아?'

기록을 통해 계속 질문하고 대답하다 보면 깨닫게 된다. 내가 왜 그 편견을 갖게 됐는지를……. 그리고 그 편견을 무너뜨리고 편견 없는 삶을 살 수 있다.

어떻게 쓸까

어느 날 제자 한 명이 찾아와 내게 말했다.

"저도 기록을 많이 해 보려고 했는데 도통 흥미가 생기지 않아요. 솔직히 무슨 도움이 되는지 잘 모르겠습니다……."

그는 정말 열심히 기록하고 설계하고 경험하는 젊은 건축가였기에 그의 말은 내게 적지 않은 충격이었다. 그러면서 그가 내놓은 노트의 기록을 보고 나는 다시 한번 깜짝 놀랐다. 누군가의 이야기를 열심히 적어 둔 것일 뿐, 자신이 느낀 것에 대한 기록은 없었다. 그에게 말했다.

"누군가의 이야기를 베끼는 건 필기예요. 내가 느낀 걸 적은 게 바로 기록입니다."

그를 보며 기록하는 방식에 대해 이야기할 필요성을 느꼈다. 기록할 때 나는 보통 여섯 단계를 거친다.

1단계: 내 생각을 적는다.

2단계: 묻는다.

3단계: 다른 사람처럼 묻는다.

4단계: 결정해 본다.

5단계: 잊는다.

6단계: 나중에 다시 읽는다.

필기와 기록의 차이는 결국 내 생각이 있느냐, 없느냐다.

영화 〈부르탈리스트Brutalist〉를 보고 나서 큰 감명을 받아 기록을 했다. 영화 내용을 먼저 적고 아래 내 생각을 적었다.

2025년 4월 4일

〈헝가리 출신 유대계 건축가 라즐로 토스를 주인공으로 전후 미국으로 이민하여 혁신적인 건축물을 설계하며 겪은 삶의 굴곡과 예술적 열정을 담은 영화〉

이 영화를 보면서 가슴이 답답해졌다. 보는 내내 깊은 답답함을 느끼면서도 굉장히 집중해서 본 영화다. 건축가이기 때문에 감정 이입이 된 걸까?

영화에 대한 평론가들의 내용을 먼저 적고, 그다음 내가 느낀 감정을 따로 적었다. 그리고 질문하듯 물어봤다.

몇 달이 지난 후 우연히 2025년 4월 4일에 적어 둔 기록에 시선이 멈췄다. 그리고 그때의 내가 아닌 다른 사람처럼 물어보고 적었다.

2025년 4월 4일

〈헝가리 출신 유대계 건축가 라즐로 토스를 주인공으로 전후 미국으로 이민하여 혁신적인 건축물을 설계하며 겪은 삶의 굴곡과 예술적 열정을 담은 영화〉

이 영화를 보면서 가슴이 답답해졌다. 보는 내내 깊은 답답함을 느끼면서도 굉장히 집중해서 본 영화다. 건축가이기 때문에 감정 이입이 된 걸까?

2025년 6월 13일

단순히 건축가이기 때문에 감정 이입이 된 거라면 건축가의 삶을 잘 표현했다고 보는 걸까? 그 시대와 지금 시대는 다르지 않나? 브루탈리스트 시대는 1950년대부터 1970년대까지 유행한 건축 양식인 브루탈리즘Brutalism 시대인데…… 왜 지금의 백희성이라는 건축가가 반응하게 되는 것인가?

내가 쓰지만 전혀 다른 사람처럼 마치 처음 보는 기록에 대해 질문하듯 썼다. 이 작업은 내게 정말 중요하다. 2025년 4월 4일의 나와 2025년 6월 13일의 나는 전혀 다른 사람이다. 물론 DNA적으로는 변함이 없을 것이다. 그러나 새로운 걸 경험하고 기록하고 느끼는 나는 이미 3개월 동안 변했다. 그러니 다른 사람이다. 과거의 나와 현재의 나 그리고 미래의 나는 각기 다르게 느끼는 것처럼…….

그리고 또다시 일주일이 지났을 무렵 이 기록을 보고 다시 펜을 들었다.

2025년 4월 4일

〈헝가리 출신 유대계 건축가 라슬로 토스를 주인공으로 전후 미국으로 이민하여 혁신적인 건축물을 설계하며 겪은 삶의 굴곡과 예술적 열정을 담은 영화〉

이 영화를 보면서 가슴이 답답해졌다. 보는 내내 깊은 답답함을 느끼면서도 굉장히 집중해서 본 영화다. 건축가이기 때문에 감정 이입이 된 걸까?

2025년 6월 13일

단순히 건축가이기 때문에 감정 이입이 된 거라면 건축가의 삶을 잘 표현했다고 보는 걸까? 그 시대와 지금 시대는 다르지 않나? 브루탈리스트 시대는 1950년대부터 1970년대까지 유행한 건축 양식인 브루탈리즘Brutalism 시대인데…… 왜 지금의 백희성이라는 건축가가 반응하게 되는 것인가?

2025년 6월 21일

영화의 모든 구간이 감동을 준 건 아닐 것이다. 결국 어느 순간의 지점이 내 마음을 움직인 것이다. 그래서 감동을 받은 것이다. 감동은 한순간 번개처럼 다가와 가슴에 꽂힌다.

이번에는 그냥 결정을 내렸다. 질문이 아니라 임시로라도 결정을 했다. 질문만 남겨 두는 것도 의미 있는 기록이라고 생각하지만 대답을 적어 두면 이상한 일이 일어난다. 10년도 더 전인 학생 때, 질문을 해도 답을 알려 주지 않으시던 교수님이 계셨다. 그때 그 교수님의 생각을 얻어 내는 나만의 방법이 멍청한 답을 내놓는 것이었다. 그럼 교수님의 얼굴에 불안이 엄습하면서 조금이라도 힌트를 주셨다. 내가 엉뚱하고 잘못된 길로 접어들까 걱정되셨기 때문이다. 교수님의 깊은 혜안을 들어 볼 수 있는 방법은 완벽하지 않은 멍청한 답이라도 일단 던져 보는 것이었다. 그런데 정말 흥미롭게도 엉뚱하고 멍청한 답이라도 답변을 적고 나면 머릿속에서 이상한 작용이 일어난다. 질문이 많은 상태에서 갑자기 결정을 해 버리면 뇌는 이것의 사고를 끝내지 않는다. 더 깊이 사고하게 된다. 기록을 20년 넘게 하면서 개인적으로 받은 느낌이니 비과학적일지도 모른다. 하지만 다음의 기록을 보면 이게 기분 탓만은 아니라는 걸 알 수 있다.

보통은 결정을 하면 잊어버린다. 그러면 이후 어느 순간에 번쩍하고 재미있는 생각이 튀어나오기 때문이다. 어떤 생각은 10년 넘게 튀어나오지 않고 그냥 질문으로 잠들어 있다. 그러나 이 기록은 운 좋게도 한 달도 채 지나지 않아 흥미로운 생각이 튀어나왔다.

2025년 4월 4일

〈헝가리 출신 유대계 건축가 라즐로 토스를 주인공으로 전후 미국으로 이민하여 혁신적인 건축물을 설계하며 겪은 삶의 굴곡과 예술적 열정을 담은 영화〉

이 영화를 보면서 가슴이 답답해졌다. 보는 내내 깊은 답답함을 느끼면서도 굉장히 집중해서 본 영화다. 건축가이기 때문에 감정 이입이 된 걸까?

2025년 6월 13일

단순히 건축가이기 때문에 감정 이입이 된 거라면 건축가의 삶을 잘 표현했다고 보는 걸까? 그 시대와 지금 시대는 다르지 않나? 브루탈리스트 시대는 1950년대부터 1970년대까지 유행한 건축 양식인 브루탈리즘Brutalism 시대인데…… 왜 지금의 백희성이라는 건축가가 반응하게 되는 것인가?

2025년 6월 21일

영화의 모든 구간이 감동을 준 건 아닐 것이다. 결국 어느 순간의 지점이 내 마음을 움직인 것이다. 그래서 감동을 받은 것이다. 감동은 한순간 번개처럼 다가와 가슴에 꽂힌다.

2025년 7월 4일

브루탈리스트의 주인공 라즐로 토스가 처음 설계한 도서관의 설계가 내 가슴을 뚫어 버렸다는 사실을 이제서야 알게 됐다. 건축가 라즐로 토스가 처음 도서관을 방문했을 때는 암막 커튼이 쳐져 칠흑 같은 어둠이 짙게 깔려 있었다. 수백 권의 귀한 책들이 책장에 꽂혀 있었고, 이 어둠은 책을 보존하기 위한 도서관 주인의 방식이었다. 주인은 그저 어둠 속에서 랜턴 하나를 켜고 안경을 끼고 책을 봤다. 이곳은 책이 주인인 도서관이었다. 사람은 주인공이 아니었다. 그런데 라즐로 토스는 암막 커튼을 걷어 버린다. 여기서 그치지 않고 천장에 유리를 설치해 빛이 하루 종일 도서관에 내려앉게 만든다. 그러면 책들은 어떻게 해야 하나? 책들은 모두 숨겨 둔다. 그리고 필요할 때만 열어볼 수 있게 했다. 이제 비워진 자리에 단 하나의 의자를 놓는다. 그렇게 이 도서관은 책이 주인이 아닌 사람이 주인인 도서관으로 바뀐다. 라즐로 토스는 다 만들어진 공간에 선다. 그리고 의자에 가까이 다가간다. 의자에 앉지는 않고 그저 멍하니 바라보며…… 그렇게 프로젝트가 끝난다.

내가 감동받은 건 바로 이 지점이었다. 설계를 담당한 건축가는 건물이 완성된 뒤 그 건물을 쓸 수 없다. 다만 키를 주인에게 넘겨 주고 떠나는 사람이다. 라즐로 토스는 그 의자에 앉을 수도 있었지만, 끝내 앉지 않았다. 그 이유는 건축가이기 때문이다. 만드는 것에 집중하는 사람, 소유할 수 없는 사람, 결국 끝내 떠나야 하는 사람…… 그게 바로 건축가였다. 나는 그 지점에서 평생 잊을 수 없는 건축가의 마음을 보고 말았다.

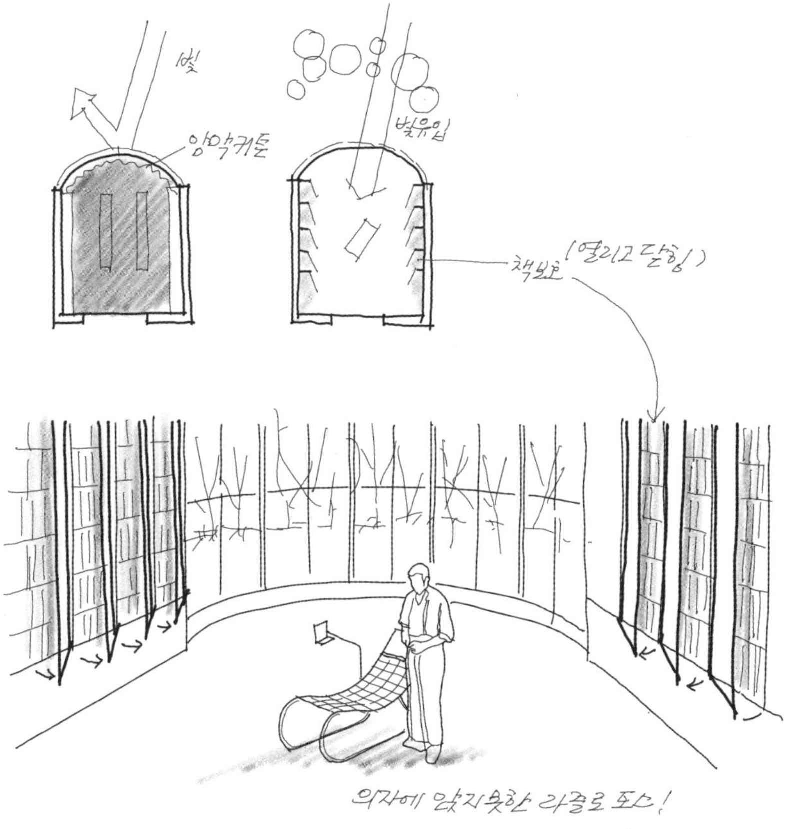
빛
암막커튼
빛유입
책보관 (열리고 닫힘)
의자에 앉지 못한 라꼴로 포즈!

결국 나는 어떤 평론가들도 이야기하지 않은 특이한 생각을 얻었다. 주변의 수많은 건축가들과도 토론하며 내 생각을 이야기했을 때, 놀라는 분들이 많았다. 많은 분들이 충분히 공감 가는 내용이며 동시에 어떻게 그 장면을 통해 그런 영감을 얻었는지 궁금해했다.

남들과는 다른 나만의 생각을 발효시키고 성장시키는 방법은 기록이었다. 그리고 기록은 어쩌면 대화일지도 모른다. 내가 나에게 던지는 대화. 그것이 바로 기록이다.

기록을 이어 가려면

기록하는 방식을 되짚어 보면, 몇 가지 중요한 순간들이 눈에 들어온다. 그걸 '기록을 시작하는 마음'이라 부르는 게 가장 적절할 듯하다. 우스운 이야기지만, 나는 지금까지 수백 명에게 기록의 중요성을 강조해 왔다. 그러나 결과는 참담했다. 그들 중 실제로 기록을 이어 간 이는 단 몇 명에 불과했다. 모두가 같은 출발선에서 함께 시작했는데, 왜 끝내 기록을 계속한 사람은 극소수에 지나지 않았을까? 기록을 이어 간 사람들과 이야기를 나누면서, 기록 앞에 필요한 몇 가지 마음가짐이 얼마나 중요한지 비로소 알게 됐다.

먼저, 기록을 이어 가기 위해서는 우리 사회에서 가장 강력하게 작동하는 힘이라 할 수 있는 '경쟁'을 내려놓아야 한다. 기록은 바로 그 경쟁을 부수는 데서 시작된다. 기록을 하면 뭔가 엄청난 결과를 빠른 시간 내에 얻을 수 있다는 생각. 사실 이건 경쟁심이 담긴 기록이다. 무언가 목적을 두고 경쟁하듯 기록하면 금방 지친다. 결실이 보이지 않는 기록을 계속해서 할 용기도 곧 사라진다.

하지만 어떤 결과나 경쟁 없이 자신을 이해하려는 기록은 지치지 않는다. 경쟁에서 완전히 벗어날 때 비로소 기록을 통해 창의성을 향한 도전을 시작할 수 있다. 많은 이들이 선의의 경쟁을 이야기하지만, 곱씹어 보면 경쟁은 얻는 것보다 잃는 것이 더 많다. 나 자신이 경쟁을 두려워하기도 하고, 경쟁에서 별로 긍정적인 성공을 거둔 경험이 없다. 경쟁 후에는 언제나 열등감과 상대에 대한 부러움만 남았다. 이 찌꺼기들은 천천히 나의 자신감을 갉아먹고, 결국엔 실패자로 만든다. 물론 경쟁에서 살아남는다면 행복하고 즐겁겠지만, 새로운 것들에 주저없이 덤벼 온 내게는 성공보다는 실패가 더 많았다. 경쟁은 언제나 다수의 패배자를 만든다. 그 속에 있어 본 사람들이라면, 그 더러운 느낌을 지울 수 없을 것이다. 사회가 만들어 놓은 경쟁은 언제나 소수의 승자와 다수의 패자를 만든다.

그래서 남들이 만든 경쟁 구도에 뛰어들지 않고, 나만의 경쟁 구도를 만들기로 결심했다. 공모전에 계속 탈락하면서 70번 넘게 도전했던 것도 남들과의 경쟁이라 생각하지 않았기 때문에 가능했다. 경쟁이라고 생각했다면 매번 고통스러웠겠지만 제출하는 데 의의를 뒀다. 떨어진 작품도 내겐 소중한 작품이었고, 제출한 것만으로도 스스로를 칭찬했다.

처음부터 이게 가능했던 건 아니다. 20대 때도 물론 '한 달간 열심히 했어. 수고했다. 자랑스럽다. 비록 심사위원이 네 작품의 가치를 몰라보더라도 가치가 없어지는 것은 아니야. 스스로의 도전에 성공한 거야.'라고 나 자신에게 말하곤 했다. 출품과 동시에 나와의 경쟁에서 승리한 것이라고 생각했다. 심사위원의 평가를 받기 전에 내가 내 가치를 평가하며 만족해했다. 그럼에도 불구하고 낙선 뒤에는 후유증에 시달렸다.

첫 번째 낙선 때는 몇 달간을 고통스러웠고 아무것도 하고 싶지 않았다. 두 번째 낙선 때는 한 달 정도 죽을 만큼 힘들어했다. 세 번째, 네 번째가 되자 힘든 시간이 점점 줄었다. 40대 후반을 달려가는 지금은 낙선해서 느끼는 상실감은 하루 정도면 말끔히 사라지고, 다시 도전할 용기를 얻는다. 공포에 오래 노출되면, 더 이상 공포가 아니라는 말이 맞는 것 같다. 가끔 차도를 당당히 걷고 있는 비둘기를 보면 나와 비슷한 것 같다는 생각이 든다. 어렵고 힘든 상황을 겪다 보니 이제는 일상이 된 느낌이랄까? 이런 무감각해진 느낌 덕에 나는 70여 번의 낙선과 10여 번의 국제 · 국내 공모전에서 수상하는 영예를 안았다. 흥미로운 건 지금도 이 생각에 큰 변화가 없다는 것이다. 20년의 시간을 지나 온 지금까지도 누군가가 나를 판단하기보다는 나 스스로 나를 판단하고자 한다.

이 책을 집필하는 중에도 나와 우리 팀은 당선 확률이 거의 제로에 가까운 도시 설계 프로젝트 공모전을 준비하고 있다. 당선을 목적으로 하지 않는 바보 같은 짓을 하고 있다. 경쟁이 목적이면 절대 할 수 없는 일이다. 왜 이런 무모한 짓을 하는 걸까? 스스로에게 물어 온 세월이 20년이다. 세상은 공평하지도 기회가 균등하지도 않다. 그렇다고 기다리고만 있을 것인가? 아니다. 적어도 나는 기회가 없다고 주저앉지 않는다. 기회를 만들면 그만이다. 당선 확률은 적어도 나와 우리 팀이 얼마나 새로운 시각으로 도시 설계를 할 수 있는지 세상에 보여 줄 수 있는 기회다. 그런 마음으로 작업을 하고 있다. 이 공모전은 우리의 새로운 시각을 세상에 알릴 기회의 장이다. 당선을 위한 치열한 경쟁이 아니다. 적어도 우리에게는 그렇다.

기록을 계속하면서 느끼게 된 점은 타인과의 경쟁이 내게 좋은 영향을 주지 않는다는 것이었다. 그러나 경쟁의 대상이 타인이 아닌 내가 되면 완전히 다른 이야기가 된다. 나는 이걸 '나만의 경쟁 틀'이라 이름 붙였다. 스스로에게 경쟁에 대해 묻고 답한 내용의 기록을 여기에 적어 뒀다.

2006. 6. 13

< 경쟁에 대한 나와의 대화 >

"왜 달리는 거니?"

"행복하기 위해서!"

"달리면 행복해???"

"달릴 수 있어서 행복해"

"달리다가 힘들땐, 어때? 그때도 행복해?"

"그때는 걷는거야. 잠시 쉬면서 다시 뛸 힘을 보충하면 돼!"

"그사이에 누가 추월하면 어떻게 해?"

"내 결승점과 나를 지나가는 사람의 결승점이 다른데, 이게 어떻게 추월이야???"

"그럼, 저기 보이는 결승점은 뭔데???"

"모두에게 그곳이 결승점일지는 몰라도… 내게는 통과지점이야!"

기록을 시작으로 '나만의 경쟁 틀'을 만들기 위해, 남들이 하지 않는, 내가 하고 싶은 길로만 달리기로 결심했다. 대학교에서 현대 건축 설계 전공을 마치고, 입사가 결정된 S모 대기업을 가지 않은 것도 그 때문이었다. 다들 어리석은 짓이라고 했다. 힘든 경쟁을 뚫고 합격한 회사를 스스로 던져 버리는 바보 같은 결정을 안타까워했다. 그러나 나는 확신했다. 타인과의 경쟁을 통한 결과보다는 나 자신과 경쟁하는 '나만의 경쟁 틀'을 따르는 게 옳다고 믿었다.

현대 건축 설계를 더 잘하고 싶은 마음에 대학원에 진학해 전통 건축 설계를 배웠다. 모두 내가 현대 건축 설계를 포기했다고 여겼다. 현대 건축 설계를 전공한 사람이 전통 건축 설계로 가는 경우가 그리 많지 않기 때문이었다. 현대 건축 설계나 전통 건축 설계 둘 중 하나를 선택하는 게 합리적이었다. 그러나 나는 생각이 완전 달랐다. 두 설계 분야가 결국 하나라고 생각했다. 누군가 그 길이 잘못됐다고 말할 때도 나는 기록으로 남겼다.

2004. 10. 17.

왜? 사람들은 나의 선택이 잘못되었다고
조언을 하는 것일까???
나를 아끼는 마음이겠지?
정말 내가 틀린 것일까???

생각이 바뀜!!

2008. 1. 9.

아니었다!
대부분의 사람들은 자신이 해보지 않은
길을 가는 타인을 가만두지 못한다.
두렵기 때문이다. 모두가 함께 경쟁하는
틀에서 이탈되는 것을 두려워 한다
함께 모여 고민하고, 함께 고통을 겪고,
함께 나아가는 것에서 마음의 안도가
생긴다.
이것이 바로 '인간의 동기화'다

오늘! 나는 이것을 버린다. 오로지
내가 생각하고 확신하는 길로 가자!

전통 건축 대학원에서 정말 많은 것을 배웠다. 대학원 졸업을 앞두고 교수님과 선후배들이 앞으로의 진로에 대해 물었을 때 나는 프랑스로 유학을 가겠다고 해 또 한번 사람들을 놀래켰다. 이때는 정말 미쳤다는 이야기를 많이 들었다. 프랑스로 유학 갈 거였으면 전통 건축을 배우지 말고 갔어야 하지 않느냐고들 했다. 하지만 앞서 말했듯 나는 전통 건축에서 한국의 뿌리를 배우고 그 정신으로 현대 건축 설계를 하고 싶었다. 현대 건축 설계 전공에 전통 건축 전공, 그리고 프랑스 유학…… 지금은 어떨지 모르지만 당시만 해도 이런 선택을 한 사람은 나뿐이었다.

외국에서 다양한 경험을 해 보자는 목표 덕에 공모전 수상을 여러 번 했고, 세계적인 건축사무소에 취업해서 일도 했다. 그리고 이제는 가구 디자인, 그림, 글까지 좋아하는 일을 하며 나를 만들어 가고 있다. 이렇게 각기 다른 일을 모두 하는 사람은 나밖에 없을 테니 이제 누구하고도 경쟁할 이유가 없다. 내가 만든 이 경쟁 틀에는 나만 있다. 나만 성공하고 실패할 수 있고, 다시 도전해 볼 수도 있다.

경쟁에서 벗어나는 가장 쉬운 방법은 남들이 가지 않은 길을 가는 것이다. 타인의 시선에서 벗어나 나에게 온전히 집중할 수 있게 됐고 자유로워졌다. 아직 아무도 가지 않은 길이라 더 흥분되고 기대된다. 무엇보다 더 이상 경쟁자들을 신경 쓰지 않아도 된다는 점에서 만족한다.

<나의 이상한 여정> 2015.12.30

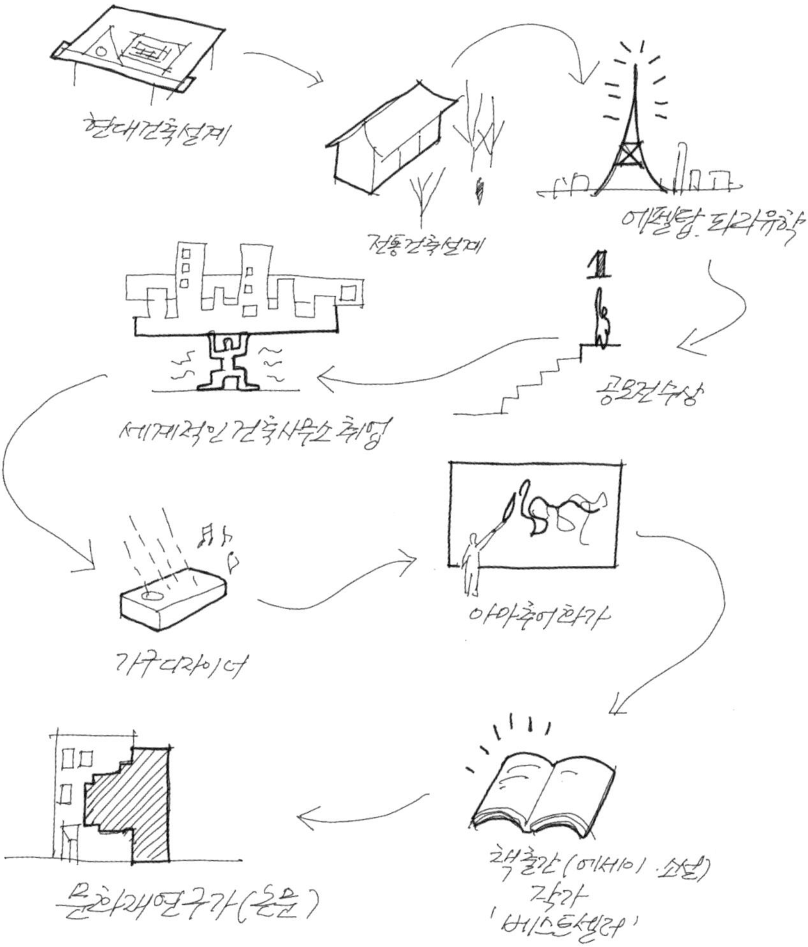

이제는 내가 만든 '나만의 경쟁틀' 속에서
나만 성공하고, 나만 실패한다!
누구하고 비교할 필요가 없는 인생이
되어간다.

또 생각바뀜!

2018. 9. 4.

여러 분야를 경험했지만,
'새로운 것을 만든다는 점'에서는
모두 같은 분야였다.
모든 게 연결되어 단 하나의
점으로 보이기 시작했다.
어느 것이 맞는 걸까???

이제 경쟁에서 자유로워지니 조급함이 사라졌다. 자신에 대한 집중도가 높아졌고, 치열한 경쟁 속에서는 맛보지 못했던 자아에 대한 사색도 늘었다.

치열한 경쟁 체제는 속도전이다 보니 누구도 기다려 주지 않기 때문에 창의적인 생각이 만들어질 만한 여유가 없다. 그래서 요즘은 AI를 잘 활용해서 빠르게 느낌 있는 자료를 만드는 사람을 능력자로 본다. 회사에서 프레젠테이션을 준비하면서 과연 몇 사람이나 그 포맷을 직접 만들까? 대부분 좋은 포맷을 카피해 조금 변형하는 걸 당연하게 여긴다. 아니면 AI를 이용해 초고속으로 자료를 만들어 낸다. 해당 프로젝트의 가장 이상적인 프레젠테이션을 위한 창의적인 포맷을 만들 시간이 없기 때문이다. 창의적인 생각이 빨리 나오면 환영하겠지만 쉽지 않다.

경쟁 구도에서 나와 여유를 찾으니 창의적 생각을 하는 데 서두를 필요도 사라졌다. 모든 걸 잊고 산을 찾았고, 한참의 산행 끝에 정상에 올라 시원한 바람내음을 느끼듯 여유롭고 평온하다. 물론 누군가는 내가 매번 한 가지에 집중하지 못하고, 이것저것 그냥 찔러만 본다고 말하기도 한다. 그러나 나는 나만의 길이 보인다. 그 길을 걸으며 배우고 느낀 모든 것들은 서로 완벽히 연결돼 나의 개성이 된다. 그렇게 나는 나의 참모습을 계속해서 찾고 있다.

경쟁이라는 단어의 의미를 곰곰이 생각해 봤다. 국어사전에는

'같은 목적을 두고 서로 이기거나 앞서거나 더 큰 이익을 얻으려고 겨루는 것'이라고 적혀 있다. 더 큰 이익이란 과연 경쟁을 통해서만 얻어질 수 있는 걸까. 눈앞에 펼쳐진 가까운 이익이 클지, 인생을 통틀어 완성될 먼 미래의 이익이 클지 생각해 봐야 한다. 경쟁을 통해 눈앞의 이익을 얻을지, 경쟁의 틀에서 벗어나 자유로운 인간으로서의 이익을 얻을지는 스스로 결정할 문제다.

자, 당신은 어떤 선택을 할 것인가? 자신이 하고 싶은 일이나, 해야 하는 일에 대한 여정을 기록하는 사람은 남과 경쟁할 필요가 없다. 오로지 자신과의 싸움만 남는다.

쓰는 사람

초판 1쇄 발행 2026년 1월 30일
초판 4쇄 발행 2026년 3월 13일

지은이 백희성
펴낸이 허정도

편집장 임세미
책임편집 한지은 디자인 박지은
마케팅 신대섭 김수연 배태욱 김하은 이영조 제작 조화연

펴낸곳 주식회사 교보문고
등록 제406-2008-000090호(2008년 12월 5일)
주소 경기도 파주시 문발로 249 (10881)
전화 대표전화 1544-1900 주문 02)3156-3665 팩스 0502)987-5725

ISBN 979-11-7061-357-2 (03190)